W0078602

VOM ZAUBER ALTER BAUERNGÄRTEN

KRIEMHILD FINKEN UND ALOYS FINKEN FOTOS KRIEMHILD FINKEN

VOM ZAUBER ALTER BAUERNGÄRTEN

Für die Schwabenverlag AG ist Nachhaltigkeit ein wichtiger Maßstab ihres Handelns. Wir achten daher auf den Einsatz umweltschonender Ressourcen und Materialien. Dieses Buch wurde auf FSC®-zertifiziertem Papier gedruckt. FSC (Forest Stewardship Council®) ist eine nicht staatliche, gemeinnützige Organisation, die sich für eine ökologische und sozial verantwortliche Nutzung der Wälder unserer Erde einsetzt.

Bibliografische Information der Deutschen Nationalbibliothek
Die Deutsche Nationalbibliothek verzeichnet diese Publikation in der Deutschen Nationalbibliografie; detaillierte bibliografische Daten sind im Internet über http://dnb.d-nb.de abrufbar.

2. Auflage 2011

www.thorbecke.de
info@thorbecke.de

Gestaltung:
Burkhard Finken, Finken & Bumiller, Stuttgart
Druck: Offizin Andersen Nexö, Zwenkau
Hergestellt in Deutschland
ISBN 978-3-7995-3538-0

Für Luisa, Clara, Charlotte, Lorenz, Myrtille und Samuel

№ 3

Inhalt

→

Wissenswertes über Bauerngärten

Bauerngartenpflanzen

SEITE 5
Eine urige Vogelscheuche, die mit Holunder und Brennesseln vor unliebsamen Gästen schützt

SEITE 6
Wie ein verschlossener Garten mutet die alte Buchshecke mit den roten Vexiernelken an.

SEITE 7
Vom alten Garten mit seinen verschlungenen Hecken geht der Blick zum Eifeler Bauernhaus.

SEITE 8
Von Nord bis Süd findet man die ordnende Kreuzform, hier im schwäbischen Garten.

SEITE 9
Die alte Gießkanne, nützlicher und dekoratives Relikt alter Zeit

LINKE SEITE
Bunt gemischte Staudenvielfalt, typisch für den Bauerngarten

Wissenswertes über Bauerngärten

In meinem Bauerngarten
da stehn viel schöne Blum'.
Stiefmütterchen, die zarten,
Narziss' und Lilium.

Und schlanke Pappelrosen
am Rand von Kraut und Kohl,
Goldlack und Skabiosen
und Nelken und Viol'.

Und zwischen Bohnenhecken
und Dill und Bertramkraut
hab ich mir ein paar Stecken
Tomaten angebaut.

Und reichlich Georginen,
sieh an, sie kommen grad!
Und vor und hinter ihnen
Kohlrabi und Salat.

Ein Schmeckerchen Kamille,
ein Rüchlein Rosmarin,
und dass es heil und stille,
die Minze zwischendrin.

Das gibt ein Blühn und Schwellen
wohl hinterm knappen Zaun;
mit Liebe zu bestellen,
mit Freuden anzuschau'n.

Kommst du die Straß' vorüber,
schau auch und freue dich!
Du hast die Blumen lieber
und Erbs' und Gurken ich.

JOSEF WEINHEBER,
BAUERNGARTEN (1892–1945)

SEITE 12
Jede Bäuerin hat ihre Vorlieben, hier Echinacea und Sonnenhut.

SEITE 13
Blütenschwerer Rosenstock im Rondell eines Hohenloher Bauerngartens

LINKE SEITE
Ein Bogen alter Bauerngartenrosen am Eingang

Unser Jahrhundert scheint den Garten wiederzuentdecken. Als Ort der Schönheit und der Erholung bietet er die Möglichkeit zur unmittelbaren Berührung mit der Natur und ihrem mit den Jahreszeiten wechselnden Rhythmus, der der Mehrzahl der heutigen Menschen nicht mehr vertraut ist. Vorbei scheint auch die Zeit, in der makellos gemähter, „steriler“ Rasen der wesentliche Bestandteil eines Gartens war. In der Zeitung „Die Zeit“ meinte unlängst ein Autor, unser Jahrhundert könne das des Gartens werden. Seine steigende Wertschätzung hängt auch mit der wachsenden Zuwendung der Menschen zu ökologischen Anbaumethoden und deren Produkten zusammen und mit der Suche nach Pflanzen, die weniger anfällig für Schädlinge sind und dadurch den Einsatz von Pestiziden verringern – und natürlich mit dem allgemein steigenden Sinn für Althergebrachtes. Der Garten wird zum Refugium, mitunter leider auch zum Statussymbol, was nicht immer seiner Schönheit dient. Allerdings ist er nur noch selten ein mehr oder weniger unverzichtbarer Lieferant gesunder Nahrung. Auf dem Land gibt es jedoch so etwas wie eine recht bescheidene Renaissance des Bauerngartens, der außer Blumen und Kräutern auch noch in relativ breiter Form Lebensmittel liefert. Häufig handelt es sich dabei um vor Kurzem oder vor einigen Jahrzehnten neu, nach älteren Vorbildern angelegte Gärten, deren Eigentümer bewusst alte Formen aufgreifen wollten. Sie sind in ihrer Mehrzahl keine Bauern; der Garten ist ihr Hobby.

Gegenstand dieses Buches sind nicht Gärten allgemein, sondern bäuerliche Gärten. Die Fotos zeigen ausschließlich Gärten mit ihren Pflanzen, wie wir sie heute in Deutschland von Nord bis Süd vorgefunden haben. Nach einem knappen Abriss der Geschichte des Bauerngartens, seiner Form und Gestalt und der Pflanzen, die im Laufe der Jahrhunderte neu hinzukamen oder verschwanden, sollen einzelne Kräuter, Blumen und Gemüsepflanzen vorgestellt werden, die über lange Zeit in Bauerngärten angebaut wurden und die man heute zum Teil nur noch selten in ihnen sieht. Bei der großen Fülle der Pflanzen in Bauerngärten kann nur eine Auswahl behandelt werden, die selbstverständlich nicht frei von Willkür ist. Diese Porträts zeigen unter anderem die frühere, oft vielseitige Nutzung und die heutige Bedeutung und Verwendung der Pflanze.

GESCHICHTE DES GARTENS

Als privater Raum genoss der Garten stets den Schutz des Rechts fast wie das Haus. Sein wesentliches Merkmal war die Umzäunung. Denn das Wort Garten, wie wir es heute verstehen, ist stammverwandt mit indoeuropäischen Wörtern, die alle „Umzäunung“ bedeuten. In manchen Gegenden gab es einen „Gartenbannwart“, der die ordnungsgemäße Höhe und den korrekten Zustand der Zäune zu überwachen hatte. Wer dementsprechend gezäunt hatte, durfte fremdes Vieh, das in seinen Garten eingedrungen war, sogar töten, ohne dem Eigentümer Schadensersatz leisten zu müssen. Wie aber sahen die Bauerngärten unserer Vorfahren aus? Man muss dafür bis in die Zeit Karls des Großen zurückgehen, denn bereits für das 9. Jahrhundert haben wir zuverlässige Nachrichten über Gärten, wenn es auch Klostergärten sind. Überliefert ist der St. Galler Klosterplan, ein idealer Entwurf für Klöster, der zu Anfang des Jahrhunderts auf der Reichenau gezeichnet wurde. In diesem Plan sind drei Gärten eingetragen, ein Gemüsegarten mit 18 Beeten, ein Obstbaumgarten, der gleichzeitig

Mönchsfriedhof war, und ein Kräutergarten am Arzthaus mit 16 Beeten.

DER ST. GALLER KLOSTERPLAN Im Gemüsegarten trennt ein recht breiter Mittelweg die zwei Beetreihen, und ein weiterer zieht sich unmittelbar am Rand des Gartens entlang.

Der Kräutergarten ist ähnlich angelegt, er hat aber auch noch ringsum an der Umgrenzung Beete, die von dem umlaufenden Weg aus zu erreichen sind. In jedem Beet dieser beiden Gärten wuchs nur eine Pflanzenart.

Verraten uns diese Gärten aber auch etwas über Bauerngärten? Günther Franz schreibt in seinem Standardwerk „Geschichte des deutschen Gartenbaus", man habe in dem St. Galler Gartenplan *eine deutliche Orientierung zu sehen, die zudem eine Trennung der verschiedenen Gewächse nach ihrer Nutzungsart vorsieht, wie sie nach übereinstimmender Auffassung für spätere Anlagen in Klöstern, wie auch für die mittelalterlichen Bauerngärten* [...] *gültig war, ohne daß darüber hinreichend verwertbare Quellen für das eigentliche Mittelalter vorhanden waren.*

DIE BEETE Wie die Beete von den Wegen abgetrennt waren, erfahren wir von Walahfrid Strabo (808/9–849) in seinem „Buch über den Gartenbau", gewöhnlich „Hortulus" genannt. Er war Mönch des Reichenauer Klosters, in dem, wie erwähnt, der St. Galler Klosterplan gezeichnet wurde, und später dort Abt. Die Beete seien mit Brettern eingefasst, schreibt er, damit deren höher liegende Erde nicht auf die Wege falle. Umgraben und Einbringen von Mist und Kompost sowie eine Mulchdecke führten im Laufe der Zeit zu dieser Überhöhung.

Die Beete auf dem St. Galler Klosterplan erscheinen sehr schmal und waren es wohl auch tatsächlich. Denn auf der Reichenau kannte man die Schrift des Römers Columella (1. Jahrhundert nach Christus), der vorschlug, die Beete sollten nur so breit sein, *dass derjenige, der Unkraut jätet, leicht bis in die Mitte reicht und nicht gezwungen ist, über die jungen Pflanzen zu laufen, sondern von den Wegen aus erst eine Hälfte und dann die andere säubern kann.* Wie die Wege beschaffen waren, erfährt man nicht; vermutlich waren sie mit Gras bewachsen oder mit Rindenmulch bedeckt.

Die weitgehende Übernahme dieses Gartenschemas und eines Teils seiner Pflanzen in die Bauerngärten ist deshalb so wahrscheinlich, weil viele Bauern und ihre Frauen mit den Klöstern in ihrer Nähe in ständigem Kontakt waren, sei es, weil die Männer Klosterland zu bearbeiten hatten und die Frauen für das Kloster spinnen oder weben mussten oder weil man bei Krankheiten und Gebrechen den Kräuterbruder aufsuchte, der mit Salben, Tinkturen und Kräutern zu helfen bemüht war. Dabei mag die Bäuerin sich Samen oder Ableger für Kräuter und Gemüse erbeten haben. Auf diese Weise haben sicher viele Pflanzen den Weg in die Bauerngärten gefunden. Die Hausfrau spielte hierbei sicher die entscheidende Rolle. Denn nach uralter Tradition ist Gartenarbeit Aufgabe der Frau. Im Volkslied „Im Märzen der Bauer", in dem die ländliche Arbeit besungen wird, heißt es in der zweiten Strophe: *Die Bäuerin, die Mägde, sie dürfen nicht ruh'n, / sie haben im Haus und im Garten zu tun.*

Man darf aber getrost annehmen, dass die Bauerngärten in ihrem Zuschnitt, im Aufwand für das Äußere und in der Vielfalt und dem Ertrag der Pflanzen sehr viel bescheidener waren als die Klostergärten, da die Größe der Hofstelle soviel „Verschwendung", vor allem bei den Wegen, nicht zuließ. Außerdem war der bäuerliche Betrieb der meisten Leibeigenen klein und der Aufgabenbereich der Frau in Haus und Hof recht vielfältig. Bei den Mönchen hingegen lieferte der Garten mit Kräutern und Gemüse einen ganz wichtigen Bestandteil zur Ernährung, so dass sich auch ein Bruder mit Neigung und Engagement für den Garten eigens um seine Pflege kümmerte. Er hatte ferner die Möglichkeit, die Erfahrungen anderer Klöster seiner und früherer Zeit zu nutzen. Die Bäuerin aber hatte mit viel oder wenig Sinn für die Synthese von Nützlich und Schön, mit oder ohne „grünen Daumen" ihren Garten zu bestellen.

Als zur Renaissance- und Barockzeit in den herrschaftlichen Gärten vor allem Buchs und Eibe als Gestaltungselement und Beeteinfassung Mode wurden, blieb das nicht ohne Wirkung auf die bürgerlichen und später auch auf die bäuerlichen Gärten. Zunächst behielt man die erhöhten Beete bei. Bis zur Mitte des 17. Jahrhunderts seien sie die unbestrittene Regel gewesen, obwohl

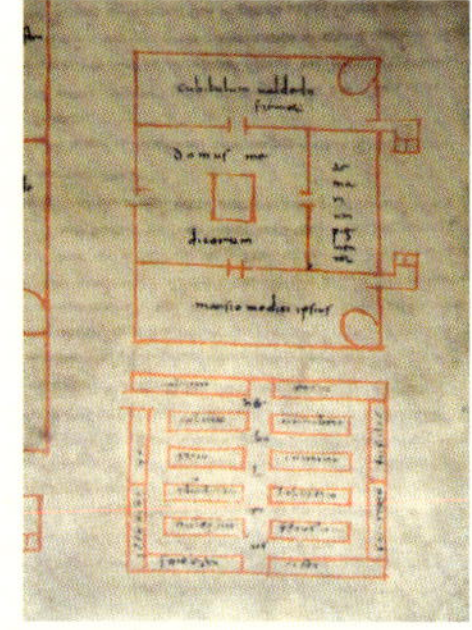

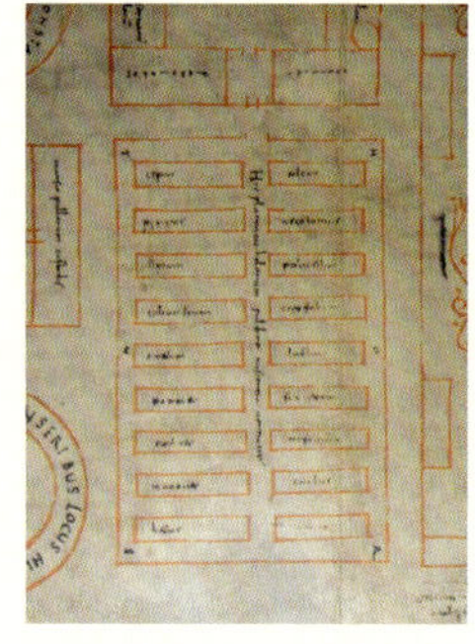

OBEN
Kräutergarten (oben, untere Bildhälfte) und Gemüse- und Würzgarten (unten) im St. Galler Kosterplan

RECHTE SEITE
Auch der Garten gehört zum Jagdrevier der Katze.

dadurch die Buchsumrandung Schaden litt, weil ihre Wurzeln bloß gelegt wurden, schreibt Günther Franz. Das änderte sich dann in vielen Gärten schnell. J. S. Eßholz stellt in seinem Werk »Vom Gartenbau« bereits 1664 fest: *Die Steige (Wege) waren nach der alten Art niedriger als die Bette, anitzo ist dies nicht ohne Ursach abgeschaffet.* Die Wege wurden nun gekiest oder mit weißem, gelbem oder rotem Sand, mit rötlichem Ziegelmehl oder brauner Gerberlohe bestreut. Diesen Wandel machten in aller Regel nur die Gärten der begüterten Bauern mit. Solche Sand- oder Kieswege findet man heute noch häufig.
Später wurden die Wege auch mit Steinplatten oder Ziegelsteinen belegt. Dasselbe Material wurde dann oft als Beetabgrenzung verwendet. In diesen Fällen blieb das ältere, höhere Beet erhalten.

DER GARTENZAUN In den Klöstern waren die Gärten durch angrenzende Gebäude oder durch die Umfassungsmauer geschützt. Die Bauerngärten dagegen brauchten, auch wenn sie mit einer Seite an das Haus oder die Umfriedung des Gehöftes anstießen, für die anderen Seiten einen zuverlässigen Schutz, weil man sich sonst wegen des Federviehs und der übrigen umherlaufenden Tiere das Ernten hätte sparen können. Theodor Storm (1817–1888) wendet sich in seinem „Inserat" an eine Kategorie von Wesen, die sich auch von einem gediegenen Zaun nicht abwehren lassen:

Die verehrlichen Jungen, welche heuer
meine Äpfel und Birnen zu stehlen gedenken,
ersuche ich höflichst, bei diesem Vergnügen
womöglichst insoweit sich zu beschränken,
daß sie daneben auf den Beeten
mir die Wurzeln und Erbsen nicht zertreten.

Die Einfriedung bestand etwa aus einer dichten Hecke aus verschiedenen Sträuchern: Hainbuche, Hagebutte oder Hagedorn, Weißdorn, Schlehe, Kornelkirsche und Faulbeere. Sehr oft war es jedoch um der Platzersparnis und der schnellen Wirkung willen ein Flechtzaun. Man schlug in einem bestimmten Abstand Pfähle in den Boden und verband sie mit einem Geflecht aus den Ruten von Weide, Hasel, Esche oder anderer Bäume. Eine weitere Zaunform entstand, indem man dünne Pfähle und Stecken Stück an Stück so dicht nebeneinander in den Boden rammte, dass vor allem kein Federvieh durchschlüpfen konnte. Die kostengünstigere Alternative zum Zaun war die Hecke. Johannes Colerus schreibt im Jahr 1609, man solle den Garten mit einer Steinmauer, mit Planken und Brettern und Zaunpfählen einfassen *oder mit einem guten lebendigen haag oder hecken / sonderlich wo mangel an den vorher erwehnten stücken / oder das einkommen etwas gering ist.*
Außer Mauern und großen, senkrecht in den Boden eingelassenen Steinplatten (vor allem in der Eifel) sieht man heute Zäune mit Rund- oder Halbstäben, sägerauen Latten, genagelt oder geschraubt, in Südtirol auch noch mit Hasel-, Weiden- oder Fichtenruten an das Quer- bzw. Längsholz geflochten. Die Pfosten sind aus Holz oder behauenem Stein. Selten findet man noch den aus der Gründerzeit Ende des 19. Jahrhunderts stammenden Eisenzaun mit gegossenen Stäben, ein deutliches Zeichen, dass der Garten zu diesem Zeitpunkt mehr Zier- als Nutzgarten geworden war.

Hecken und Zäune sind seit alter Zeit ein notwendiger Schutz.

DER WANDEL DER GARTENGEOMETRIE Die überwiegende Zahl der Bauerngärten hat und hatte die leicht abgewandelte Form mit Mittelgang und seitlichen Beeten und einem umlaufenden Weg beibehalten. Unter dem Einfluss der Barockgärten entstanden dann Gärten reicher und selbstbewusster Bauern in der Form von Kreuzgärten. Wo sich Mittel- und Querweg schneiden, befindet sich oft ein kleines Blumenrondell oder ein Kreis, dessen Zentrum durch einen Rosenstock betont wird. Die Wege sind mit geschnittenem Buchsbaum eingefasst. Diese verhältnismäßig junge, zweifellos besonders ansprechende Form ist nach weit verbreiteter Auffassung die Bauerngartenform schlechthin, was aber keineswegs zutrifft und nie zutraf. Die Form des Gartens ist von den örtlichen Gegebenheiten, dem Selbstverständnis und den finanziellen Mitteln abhängig. Wer sich heute für das Anlegen eines Bauerngartens entscheidet, wird in aller Regel das Kreuzschema mit betontem Mittelrondell und Buchseinfassung wählen.

PFLANZEN IM BAUERNGARTEN

Früher war vor allem die Kleinbauernfamilie darauf angewiesen, dass ihr Garten sie mit wesentlichen Pflanzen, vor allem Gemüse und Salat, so gut wie möglich versorgte. Noch 1609 schreibt Johannes Colerus in seiner „Oeconomia Ruralis et Domestica", viele Bauern hätten etwas Garten hinterm Hof, aber keineswegs alle. *Außerdem bezäunen sie ein Fleckchen Acker, um darin ein wenig Kohl, Mohrrüben, Petersilie und dgl. Küchenkräuter zu ziehen.* Die Palette der Pflanzen war durch den geringeren Umfang des Gartens und die begrenzte Zeit, welche die übrige Arbeit der Frau ließ, bei einer Kleinbäuerin zwangsläufig geringer als bei einer begüterteren Bäuerin, die über Gesinde verfügte. Heute kann auch der Besitzer eines kleines Gartens bei der Bepflanzung Nutzen und Schönheit verbinden und, wenn er es will, der Schönheit den Vorrang einräumen.

PFLANZEN KOMMEN – PFLANZEN GEHEN Es existierte und existiert weder der Bauerngarten schlechthin, was seine äußere Gestalt angeht, noch eine von Nord bis Süd und West bis Ost gleiche Bepflanzung. Wesentliche Faktoren sind klimatische Unterschiede, ungleiche Besitzverhältnisse und Bodenbeschaffenheit, die früheren politischen Strukturen und Erfahrungen, die Traditionen und die bereits erwähnte persönliche Befähigung, das Wissen der Bäuerin – nicht jeder gelingt ein harmonischer Dreiklang aus Nützlichkeit, Zweckmäßigkeit und Schönheit. Die Pflanzen im Bauerngarten blieben im Lauf der Zeit nur zum Teil die gleichen. Es kamen immer wieder neue hinzu; erwiesen sie sich als nützlich, pflegeleicht oder schön, konnten sie bleiben, wenn nicht, mussten sie wieder weichen. Seit den Kreuzzügen, verstärkt seit der Entdeckung der Neuen Welt kamen weitere Pflanzen hinzu; sie aufzuzählen ergäbe eine umfangreiche Liste: aus Asien beispielsweise Hyazinthe, Kaiserkrone, Rhabarber, Chrysantheme, Brennendes Herz und Tulpe; aus Lateinamerika Dahlie, Fuchsie (benannt nach dem Tübinger Professor Leonhart Fuchs), Kapuzinerkresse, Sonnenblume, Ringel- und Studentenblume, Tomate und Kartoffel; aus Nordamerika Aster, Kürbis (nicht der Flaschenkürbis), Nachtkerze, Springwurzel und Phlox.

WECHSEL DER BEPFLANZUNG IN DEN BEETEN
Von den Feldern her war den Bauern der Fruchtwechsel in den einzelnen „Schlägen" geläufig. (Die ganze Feldflur war in drei Areale eingeteilt, an denen jeder Bauer entsprechend der Größe seines Besitzes Anteil hatte.) Sie wussten, dass die Pflanzen den Boden verschieden stark beanspruchen. Auf das Wintergetreide folgte das Sommergetreide, dann ein Jahr der Brache, ein Jahr ohne Bebauung. Deshalb war es auch klar, dass man diese Erfahrung im Garten beherzigen musste, wenn man sich nicht mit einem kümmerlichen Ertrag zufriedengeben wollte. Im Garten entfiel allerdings das Brachejahr. Man denke sich den Garten in drei Beete eingeteilt: Im ersten Jahr kommen in Beet I die „Nährstofffresser", im Fachjargon „Starkzehrer" genannt, wie z.B. Kohl, Sellerie, Lauch, Gurken und Kürbisse. Im zweiten Jahr werden sie in Beet II gezogen; in Beet I wachsen dann die „Mittelzehrer" wie Zwiebeln, Knoblauch, Möhren und Radieschen. Im dritten Jahr wandern die „Starkzehrer" in Beet III; die „Mittelzehrer" rücken ein Beet weiter und Beet I besetzen die „Schwachzehrer" wie Bohnen, Erbsen und einjährige Kräuter. Im darauffolgenden Jahr beginnt der Reigen erneut. Denn im kleinen Bereich des Gartens ließ sich durch Mulch, Kompost und Mist der Verlust an Nährstoffen ausgleichen. Die ausdauernden Pflanzen blieben natürlich an ihrem Platz.

DIE BUNTHEIT DER BEETE Von den alten Klostergärten ist uns die strikte Trennung der Pflanzen geläufig. Sowohl in Walahfrid Strabos „Hortulus" wie im St. Galler Klosterplan ist jeder Pflanze ein Beet zugeordnet. Im Unterschied dazu ist für den Bauerngarten nicht nur bei den Blumen, sondern auch bei den Nutzpflanzen ein enges Neben- und Durcheinander typisch. Diese Mischung ist keineswegs zufällig, sondern basiert auf langer Erfahrung. In einem solchen Mischkulturenbeet wachsen Pflanzen, die den Boden verschieden stark beanspruchen, die außerdem Wirkstoffe ausscheiden, die den Nachbarn nützlich sind; es wachsen Pflanzen, die Platz brauchen, neben anderen, die schmal in die Höhe streben; Pflanzen, deren Frucht sich in der Erde bildet, neben solchen, deren Frucht oberirdisch entsteht. In diesem Mischkulturenbeet gedeihen nur

SEITE 20
Der alte Steintrog im Buchsrondell erzählt von längst vergangener Zeit.

SEITE 21
Leuchtende Lupinenkerzen neben jungem Lauch

LINKE SEITE
Dicht gedrängte Blütenpracht, wie hier am Bodensee, ist der Stolz der Bäuerin.

Pflanzen, die sich vertragen. Denn nicht nur wir Menschen kennen Sympathie und Antipathie. Manche Pflanzen „mögen sich" und leben in einer positiven Gemeinschaft. Auch dafür nur einige Beispiele:

- Möhren und Lauch
- Rettich, Kohlrabi und Salat
- Zwiebeln und Erdbeeren
- Knoblauch, Lauch und Erdbeeren
- Petersilie und Tomaten

Andere erweisen sich als schlechte Nachbarn, die einander eindeutig schaden, beispielsweise

- Erbsen und Bohnen
- Bohnen und Zwiebeln
- Kohl und Zwiebeln
- Fenchel und Tomaten
- Erbsen und Tomaten

SCHÄDLINGSBEKÄMPFUNG Wenn die Pflanzen in harmonischen Gemeinschaften wuchsen, war das auch ein Schutz gegen Schädlinge. Wieweit die Bäuerin vergangener Zeiten diese Schutzfunktionen kannte und danach ihre Beetbepflanzung ausrichtete, weiß man natürlich nicht. Überliefertes Wissen und Erfahrung waren ganz gewiss weder im einzelnen Dorf noch in den verschiedenen Regionen gleich.

Düngung und Schädlingsbekämpfung mit Pflanzenjauche – angesetzt z. B. mit Brennnesseln oder Ackerschachtelhalm – waren sicher weit verbreitet, auch das Aufhängen von Netzen, in denen sich Vögel fingen. Um unerwünschte Genießer der Beerenernte abzuwehren, fehlte auch die Vogelscheuche selten oder ein auf eine Stange aufgespießter toter Rabenvogel. Von einem weiteren – überraschenden – Mittel, Schaden vom Garten fernzuhalten und sein Gedeihen zu fördern, soll im Folgenden die Rede sein.

GLASKUGELN In vielen heutigen Gärten, natürlich auch in Bauerngärten, sieht man auf Stecken gesetzte bunte Glaskugeln. Das ist keineswegs eine moderne Erscheinung. In verschiedenen Gegenden Deutschlands, vorwiegend im süddeutschen Raum, fand man in der Barockzeit solche Hohlkugeln – die bereits im 13. Jahrhundert in Venedig geblasen wurden, dann aber vor allem aus den Glashütten des Bayerischen Waldes stammten – in den Gärten der Fürsten und Kloster, schließlich auch in denen der Bauern. Den Mönchen galten sie als Lichtkugeln, die das Sonnenlicht bündelten und die Erde fruchtbar machten. Den Bauern sollten sie Unheil und Krankheiten von ihren Gärten fernhalten und Haus und Hof schützen. Auch die Farbe hatte magische Bedeutung: Achatgrüne Kugeln würden, so glaubte und hoffte man, eine gute Ernte, rubinrote Treue und Liebe bewirken und topasblaue dafür sorgen, *dass kein Krieg komme über das Land und kein Blut fließe auf den Äckern*. Es war auch kein Zufall, dass die Kugeln auf Haselnussstecken saßen, denn Maria hatte nach einer alten Legende auf ihrer Flucht mit dem Kind nach Ägypten unter einem Haselnussstrauch Schutz vor Verfolgern gefunden.

BAUERNREGELN Die in Bauernregeln gebündelte, manchmal widersprüchliche Weisheit vergangener Generationen regelte gemeinsam mit den Sonntagen und den kirchlichen Fest- und Heiligentagen das bäuerliche Leben. Heiligenfeste waren Merktage für eine überlieferte Wettervorhersage und für bestimmte, dann zu verrichtende Arbeiten, vor allem auch für das Säen im Garten. Einige Beispiele:

- *Wer dicke Bohnen und Erbsen ernten will, darf St. Gertraud (17. März) nicht vergessen.*
- *Zu St. Ambrosius (4. April) man Zwiebeln säen muss.*
- *Leg erst nach St. Markus (25. April) Bohnen, er wird dir's reichlich lohnen.*

BEACHTUNG DER MONDPHASEN Es gibt heute eine wachsende Zahl von Menschen, die ihre Arbeiten in Wald, Feld und Garten nach den Mondphasen richten und das keineswegs für mittelalterlichen Hokuspokus halten. Was man da wann und im Einzelnen zu tun oder zu lassen hat, kann und soll hier nicht ausgeführt werden. Nur ganz grob gilt z. B., dass Gemüse, das seine Frucht über der Erde hat, kurz nach Neumond gesät oder gepflanzt werden soll; Gemüse, dessen Frucht in der Erde wächst, darf dagegen erst bei abnehmendem Mond gesät werden.

Eingebunden in dieses Regelwerk und Ordnungsgerüst ging die Bäuerin ihrer Gartenarbeit nach und mühte

RECHTE SEITE
Blumen und Gemüse im Schutz des alten Eisenzauns vor dem Hohenloher Bauernhaus

sich, sicher auch öfter ungeduldig, wenn das Wetter nicht „mitmachte", um eine gute Ernte zum Wohl ihrer Familie. Die Weisheit des Dichters half ihr wenig, wenn das Gemüse nicht erntereif werden wollte.

Willst du gleich die Früchte greifen?
Hast doch eben erst gesät!
Lass sie werden, lass sie reifen:
Früh ist Arbeit, Ernte spät.

ANTON WILDGANS (1881–1932),
LETZTE ERKENNTNIS

DIE BEDEUTUNG DER BAUERNGÄRTEN FÜR HEUTE

Manche vom Aussterben bedrohte Pflanzen wie z. B. Alant, Weinraute oder Gartenmelde könnten durch Bauerngärten überleben. In ihnen fand man auch eine Reihe bereits verloren geglaubter alter Rosensorten. Diese Gärten könnten und sollten – wie früher – auch ein Refugium für Tiere wie Igel, Blindschleiche, Kröte, Marienkäfer, Bienen, Hummeln, Raupen und Schmetterlinge, Fledermäuse und Singvögel sein, die alle beim Pflanzenschutz mitwirken.

Hüte, hüte den Fuß und die Hände
eh sie berühren das ärmste Ding!
Denn du zertrittst eine hässliche Raupe
Und tötest den schönsten Schmetterling.

THEODOR STORM (1817–1888),
IM GARTEN

SEITE 26
Mosaiksteine bäuerlichen Lebens

SEITE 27
Liebevoll arrangiert, mit Sinn für Schönheit

LINKE SEITE
Überkommene Tradition spiegelt sich in diesem rheinhessischen Garten.

RECHTE SEITE
Bauerngartenvielfalt vom Bodensee bis Friesland

Bauerngartenpflanzen

Blumen und Heilpflanzen

SEITE 30
Salat und Gemüse, versteckt hinter bunten Blütenstauden

SEITE 31
Blumengrüße an der Haustreppe

SEITE 32
Alte Flechtzäune – neu entdeckt

SEITE 33
Bauerngarten in einem kleinen Eifeldorf – als wäre die Zeit stehengeblieben

LINKE SEITE
Osterglocken fangen die ersten warmen Sonnenstrahlen ein.

OBEN
Narzisse, Weinmann, Eigentliche Darstellung (1735)

→ Narzisse

NARCISSUS

Narzissus und die Tulipan,
Die ziehen sich viel schöner an
Als Salomonis Seide.

PAUL GERHARDT (1607–1676),
GEH' AUS, MEIN HERZ, UND SUCHE FREUD!

Wenn die Narzisse einen mit ihren großen runden „Augen" anschaut, kann man sie beinahe hauchen hören: *Oh, wie bin ich schön!*, genauso wie der Knabe Narziss, der sich schön fand und so lange sein Spiegelbild anblickte, bis er zu Stein wurde. So schlimm steht es jedoch nicht um die Blume; sie erscheint nur früh, überschätzt sich wegen der noch fehlenden Konkurrenz ein wenig und zieht sich rechtzeitig in sich zurück, ehe verwirrende Rivalinnen auftreten. Im Mittelalter nannte man sie deshalb die „Zitenlose", das bedeutet auch: die, die sich nicht an die Vegetationszeiten hält.
Im 16. Jahrhundert wurde sie zur Modepflanze. Der Nürnberger Arzt Joachim Camerarius (1534–1598) berichtet voller Stolz, er besitze zwei Arten in seinem Garten, eine davon von einem Freund aus Konstantinopel. Nun musste jeder, der etwas auf sich hielt, Narzissen im Garten haben. So trat die Narzisse, die nur schön ist und weder als Gewürz noch als Heilpflanze dient, ihren Weg in viele Gärten an.
BOTANISCHES Groß ist die Sortenvielfalt der Narzissen: Da gibt es die weiß blühende, oft rot gerandete Dichternarzisse (*N. poeticus*), die auch gefüllt vorkommt, die etwas früher blühende Gelbe Narzisse (*N. pseudonarcissus*), auch als Osterglocke oder Trompetennarzisse bekannt, und die kleine Wilde Narzisse, die auf manchen moorigen Wiesen, z.B. im Hohen Venn, wahre Pilgerscharen anlockt, die sich aber hüten müssen, eine der streng geschützten Schönen in ihren Garten zu entführen.
Noch ehe der letzte Schnee vergangen ist, treiben die Narzissen ihre linealförmigen, blaugrünen Blätter. An einem hohen Schaft leuchtet meistens jeweils eine Blüte von Weiß über hellstes Schwefelgelb bis zu warmen Orangetönen. Je nach Art werden sie von Schmetterlingen oder Hummeln umschwärmt und bestäubt. Den zu Boden fallenden Samen verschleppen dann Ameisen. Narzissen vermehren sich aber auch ungeschlechtlich über Tochterzwiebeln. Allerdings darf man das Kraut nach der Blüte nicht zu früh abschneiden, damit die Pflanze genügend Zeit hat, Nährstoffe für das nächste Frühjahr zu speichern. In manchen Bauerngärten bieten die Blätter, zu kräftigen Zöpfen geflochten, noch im Verwelken einen hübschen Anblick. Überlässt man die Pflanze so sich selbst, wächst an der Stelle nach einigen Jahren ein ganzer Blütenstrauß.
Während die Zwiebel über den Sommer im verhältnismäßig trockenen Boden ruht, nimmt sie schon im Herbst wieder Wasser mit den Wurzeln auf. Deshalb sollte man neue Zwiebeln bereits im September in den Boden setzten, am besten doppelt so tief wie sie dick sind, damit sie sich noch eingewöhnen können.
Vorsicht ist geboten! Wie die meisten Frühblüher ist die Narzisse giftig.

→ Weiße Lilie

LILIUM CANDIDUM

Madonnenlilie, Josefslilie, Gilge, Jüling

Strahlende Lilien, wie kann im Vers oder Liede
Würdig euch preisen der nüchterne Klang meiner dürftigen Leier? WALAHFRID STRABO, HORTULUS (UM 825)

Die Heimat der Weißen Lilie war das östliche Mittelmeergebiet. In ägyptischen Gärten wurde sie schon vor 3000 Jahren gezogen. Zu Beginn des 9. Jahrhunderts hatte sie in den Klostergärten, wie wir bei Walahfrid hören, die Rolle eines „Stars" und in Karls des Großen Landgüterverordnung, dem „Capitulare de villis", führt sie die Prozession der erwünschten Pflanzen an.

BOTANISCHES Als „empfindliche Schönheit" stellt die Lilie einige Ansprüche an Boden und Standort. Nach alter Gärtnerregel will sie am liebsten mit den „Füßen" kühl und schattig stehen, den „Kopf" aber in der Sonne haben. Humusreiche Erde und die Nähe niedriger Stauden erfüllen diesen Anspruch. Wenn dann noch ihre kompakte Zwiebel mit den vielen dicht übereinander gelagerten Schuppen, im September in die Erde gelegt, mit der Spitze herauslugt, wird sie noch im Herbst ihre immergrüne Blattrosette mit glänzenden, spitz zulaufenden Blättern aus der Erde treiben. Ein Reisigmantel gegen Frost ist der Diva recht. Aus dem Blütenspross, den sie im Frühjahr aus der Zwiebel treibt, entwickeln sich im Hochsommer die weißen, trompetenförmigen Blüten, die, besonders am Abend, einen intensiven, angenehmen Duft verströmen. Nach der Blüte zieht sich die Dame ganz zurück. Nachkommenschaft schenkt sie der Welt auch ungeschlechtlich durch Tochterzwiebeln.

HEILWIRKUNG Weder in der Antike noch im Mittelalter war Schönheit allein der Grund für ihre Wertschätzung; die Schöne linderte oder heilte als hilfreiche Krankenschwester vielerlei Leiden. Walahfrid rühmt sie, denn sie verhindere den sicheren Tod nach dem Biss giftiger Vipern, heile Quetschungen und mildere den Schmerz bei Verrenkungen.

Nach Hildegard von Bingen (1098–1179) half eine Salbe aus der Wurzel gegen verschiedene Formen der Lepra. Leonhart Fuchs (1501–1566) nennt eine Reihe unterschiedlicher Rezepturen bei Brandwunden und Wunden allgemein, bei Schlangenbiss und Hautausschlägen. Die Volksheilkunde empfahl Lilienöl, das durch Übergießen der Blütenblätter mit Öl hergestellt wurde, bei Brandwunden, Quetschungen, Rheumatismus und Insektenstichen. Heute wird die Lilie nur noch in der Homöopathie als Arznei eingesetzt sowie als Mittel gegen Altersflecken

SYMBOLIK Im Mittelalter wurde sie wegen ihrer makellosen Schönheit zur Symbolpflanze der Muttergottes. Auf vielen Tafelbildern sehen wir Maria mit Lilien abgebildet oder den Erzengel Gabriel, der bei der Verkündigung eine Lilie in der Hand trägt.

FEUERLILIE (*L. bulbiferum*) Diese Blume mit den auffallenden feuerroten Blüten wuchs ursprünglich wild auf Bergwiesen der Alpen und Pyrenäen, ab dem 16. Jahrhundert ist sie in den Gärten heimisch. Sie ist die eigentliche Bauernlilie.

TÜRKENBUND (*L. martagon*) Seine zurückgerollten, hellrot bis braun gefärbten Blütenblätter ähneln türkischen Pluderhosen – daher der Name. Wie die Feuerlilie stammt der Türkenbund aus den Bergen. Auch dieser ehemalige Wildling hat schon lange einen festen Platz im Bauerngarten.

Auf einer Lilie zittern
Zwei Tropfen rein und rund,
zerfließen in eins und rollen
Hinab in des Kelches Grund [...].

FRIEDRICH HEBBEL (1813–1863), ICH UND DU

OBEN
Lilie, Fuchs, Kreüterbuch (1543)

RECHTE SEITE
Die verschiedenen Lilien wetteifern um die Gunst der Bäuerin.

→ Rose

ROSA

Besser als zu klagen, dass die Rosen Dornen tragen,
Ist es, sich daran zu freuen, dass die Dornen Rosen tragen.
ANONYMUS

UNGEFÜLLTE ROSEN Während im Altertum schon gefüllte Sorten gezüchtet wurden, wie Vergil berichtet, wuchsen in den Klostergärten zunächst nur die auch wild vorkommende Hundsrose (*R. canina*) und die ungefüllte Gallische oder Essigrose (*R. gallica*), auch

Rosenblattgelee
2 Tassen rote Rosenblütenblätter – am besten von alten duftenden Rosensorten – in 400 ml Wasser mit 2 EL Rohzucker zum Kochen bringen, dann 5 Minuten schwach köcheln lassen, abkühlen und über Nacht stehen lassen, damit das Rosenaroma einzieht. Die Flüssigkeit abseihen, 200 ml roten Traubensaft und 50 g Pektin zufügen , das Ganze 2 Minuten sprudelnd aufkochen, dann 700 g Zucker zugeben und unter ständigem Rühren nochmals aufkochen, mit einem Schaumlöffel abschäumen; Tropfprobe machen, d. h. 1 TL Gelee auf einen kalten Teller gießen. Läuft das Gelee zähflüssig, ist es steif genug; falls nicht, 2 EL Zitronensaft zugeben und nochmals unter Rühren aufkochen. 2 El Rosenwasser zugeben, umrühren und sofort in gespülte verschließbare Marmeladengläser füllen. – Ein besonderer Genuss auf frischem Hefezopf mit Butter!

OBEN
Rose, Fuchs, Kreüterbuch (1543)

LINKE SEITE
Die hundertblättrige Rose, die eigentliche Bauerngartenrose

Apothekerrose genannt. Von ihr nimmt man an, dass sie die Stammmutter vieler Rosen ist. Bei den Mönchen galten beide, wie schon bei Griechen und Römern, als wichtige Heilpflanzen. Aus ihren Blütenblättern wurde das hoch geschätzte Rosenöl gewonnen. Ihren Rang kann man auch daran ablesen, dass sie in Karls des Großen Landgüterverordnung nach der Lilie als nächste Pflanze genannt wird.
Auch die Weiße Rose (*R. alba*), schon in der Antike bekannt, wuchs in den Klostergärten. Sie war wie die beiden anderen ungefüllt. Sie ist eventuell eine Kreuzung zwischen Hunds- und Essigrose. Hildegard von Bingen (1098–1179) zeigte ein besonderes Interesse an dieser Rose, deren Blätter sie für das Heilen kranker Augen empfahl; Menschen, die zu Jähzorn neigten, riet sie, ein Duftgemisch aus Rosen und Salbei einzuatmen, denn der Salbei tröste und die Rose erfreue, wenn der Zorn aufsteige.

ROBUST UND STARK DUFTEND Nur in alten Gärten überlebten diese Rosenschätze vergangener Zeiten. Heute werden sie wieder dankbar gezüchtet, sind sie doch widerstandsfähiger und weniger anfällig für Krankheiten als die aus China stammenden sogenannten Teerosen, die zwar mehrmals im Jahr blühen, dafür aber sehr anfällig für Krankheiten und Ungeziefer sind und auch nie den wunderbaren Duft der alten Rosen erreicht haben.

BOTANISCHES Rosen sind stark wachsende, mehrjährige, meist robuste Pflanzen mit gefiederten Blättern, die einen humusreichen, nicht zu feuchten Boden lieben. Beim Pflanzen darf man Rosen nie dorthin setzen, wo schon Rosen gewachsen sind, weil ihnen das nicht bekommt. Ihre vielgenannten Dornen sind in der Sprache der Botaniker Stacheln. Aus den meist duftenden Blüten werden im Herbst die leuchtend roten Hagebutten, die an ihren oberen Enden noch die Reste vom Blütenkelch tragen. Diese Hagebutten meint das Kinderlied „Ein Männlein steht im Walde ...“. In ihnen liegen die Samen, die von feinen, stark juckenden Haaren umgeben sind.

DAMASZENERROSE Im 13. Jahrhundert brachten die Kreuzfahrer die wunderschöne, locker gefüllte Damaszenerrose (*R. damascena*) nach Mitteleuropa. Sie wird auch heute noch angepflanzt.

HUNDERTBLÄTTRIGE ROSE Die sogenannte Hundertblättrige Rose (*R. centifolia*) mit sehr dicht gefüllten Blüten, die einen intensiven, weit reichenden Duft verströmen, der auch noch den getrockneten Blättern anhaftet, ist die Bauerngartenrose schlechthin. Wahrscheinlich ist sie im 16. Jahrhundert in Holland durch Kreuzung entstanden; die niederländischen Maler haben sie immer wieder auf ihren Bildern verewigt. Ihre ganzen Triebe sind mit feinen Stacheln übersät. Eine ganz besondere Abart ist die Moosrose mit borstigen, moosartigen Auswüchsen an Kelchblättern und Stielen. Sie wurde erst im 17. Jahrhundert bei uns bekannt.

ROSENBÄUMCHEN Seit dem 19. Jahrhundert hat das Rosenbäumchen mit seinem schlanken Stamm und seinen üppigen Blütenranken einen festen Platz im bäuerlichen Garten, oft im Blumenrondell in der Mitte des Gartens, mitunter rechts und links vom Eingang. Diesen Platz haben aber seit Ende des 19. Jahrhunderts oft Kletterrosen an einem Bogengerüst eingenommen.

HEILWIRKUNG Früher wurden Rosenblüten wegen ihres Gerbstoffgehaltes gegen Durchfall verwendet, vor allem aber zur Gewinnung von Rosenöl. Medizinische Bedeutung sagte man hauptsächlich den Scheinfrüchten, den Hagebuttenschalen, nach. Das aus ihnen hergestellte Mus galt als Lungen- und Lebermittel und wurde ebenso bei Nasenbluten, Nierensteinen und Durchfällen eingesetzt. Die durch die Rosenwespe entstandenen Gall- oder „Schlafäpfel“ galten als Einschlafhilfe und wurde deshalb Kindern häufig ins Bett gelegt.

SYMBOLIK Die Rose war nicht nur Heilpflanze, sondern eine Blume mit hohem Symbolgehalt: Sinnbild der Liebe zwischen Mann und Frau; im Zeitalter des Minnesangs Zeichen der irdischen Liebe.
Sie ist auch Zeichen des Schweigens und der Verschwiegenheit. Über mancher mittelalterlichen Tür in Burgen oder Klöstern sehen wir deshalb die sogenannte „Schweigerose“ eingemeißelt.
Der Rosengarten ist Symbol des Paradieses: Maria, die „Rose ohne Dornen“, sehen wir auf Tafelbildern im Rosengarten, im Rosenhag, dargestellt, z.B. bei Stephan Lochner, Martin Schongauer und Matthias Grünewald.
Als Ornament taucht in der Gotik immer wieder die fünfblättrige Rosenblüte in der Deckenmalerei der

Kirchen, in Steinrosetten und in der Buchmalerei auf. Wie die Lilie ist sie eine der wichtigsten Marienblumen, doch wo zwei Schönheiten aufeinander treffen, gibt es Streit:

Im Garten im Mondlicht
Vernehm' ich ein leises
Flüstern und Streiten.
Lilien und Rosen
Streiten, wer schöner
Von ihnen blühe;
Wenden die Häupter
Nach mir hin – ich gehe.
Der Mond sieht euch blühen,
Der soll's entscheiden!

JUSTINUS KERNER (1786–1862),
IM GARTEN IM MONDLICHT

→ Iris, Schwertlilie

IRIS GERMANICA

Veilchenwurz(el), Zahnwurz(el), Blaue Nilsch

Du bescherst mir den Schmuck deiner purpurfarbenen Blüte
Früh im Sommer anstelle des dunkellieblichen Veilchens.

WALAHFRID STRABO, HORTULUS (UM 825)

Iris, die Göttin des Regenbogens, ist die Patin des ältesten Namens der Blume. Die Form der Blätter brachte der Pflanze den späteren Namen Schwertlilie ein. Ihre Wurzel, korrekt das Rhizom, enthält sehr viel Stärke und ein ätherisches Öl, das nach Veilchen duftet. Deshalb hieß sie im Volksmund auch Veilchenwurz(el). Zahnwurz(el) nannte man sie, weil man früher die Kinder, wenn sie Zähne bekamen, zur Dämpfung der Schmerzen auf ein Stück des Rhizoms beißen ließ. Heute verzichtet man aus hygienischen Gründen auf dieses Mittel.

BOTANISCHES Die eigentlich aus dem Mittelmeerraum stammende Deutsche Schwertlilie wird bis zu einen Meter hoch. Sie liebt einen sonnigen Standort auf lockerem, durchlässigem Boden. Da der Wurzelstock als Sprossverdickung, auch Rhizom genannt, sehr „lufthungrig" ist, sollte man ihn mit wenig Erde bedecken und keine Bodendecker in die Nähe pflanzen. Aus dem knolligen, Nährstoffe speichernden Wurzelorgan wachsen schwertförmige, oben sichelförmig gebogene, scharfkantige Blätter. Den langen Schaft zieren meist mehrere prachtvolle blaue Blüten. Die nach unten gebogenen äußeren Blütenblätter haben auf der Oberseite eine bärtchenartige Zeichnung, die inneren wölben sich gegeneinander. Weitere Irisarten fallen durch andersfarbige Blüten auf: die Bleiche Schwertlilie durch fahlgelbe, die Florentiner Iris durch dunkelblau-violette. Die nur vierzig Zentimeter hohe Bunte Schwertlilie (*I. variegata*) hat blaue bis gelbe Blüten. Daneben gibt es viele weitere farbliche Varianten.

HEILWIRKUNG Vom Frühmittelalter bis in die Neuzeit waren die Blätter, vor allem aber das Rhizom Bestandteil vieler Salben. Aufgüsse, äußerlich oder innerlich angewendet, sollten z.B. gegen Blasenentzündungen, Harnsteine, Lepra, Krätze, Husten und Asthma helfen. Heute ist das Rhizom als Heilmittel wegen seiner ätherischen Öle, Flavonoide, Gerbstoffe und Polysaccharide noch Bestandteil mancher Hustentees.

APPRETUR FÜR LEINEN Der hohe Stärkegehalt des Wurzelstocks war schon Walahfrid (808/9–849) bekannt, der die Pflanze pries, weil sie *das Leinengewebe glänzend und steif appretiert und ihm Duft wie von Blumen verleiht.*

DUFTSTOFF Heute wird vor allem das pulverisierte Rhizom in der Kosmetikindustrie wegen seines Duftes kosmetischen Produkten beigemischt. Auch manchen Tabak und Likör soll es verführerischer machen.

MAGISCHES *Der schwertelen wurczen by im treit,*
Wer der Schwertlilie Wurzel bei sich trägt,
Dem mag kain tüffel kain layd/
dem kann kein Teufel ein Leid,
Noch kayn schaden
noch einen Schaden zufügen,
By lebendem Lib nit getun.
solange er lebt.

AUS EINER HANDSCHRIFT DES 15. JAHRHUNDERTS

OBEN
Schwertlilie, Fuchs, Kreüterbuch (1543)

RECHTE SEITE
Wie Perlen glitzern die Tautropfen auf der Schwertlilie.

→ Kaiserkrone

FRITILLARIA IMPERIALIS

Ehemals verborgene Pracht aus Haremsgärten

Wie eine ganze Reihe unserer beliebten Gartenblumen, z. B. Tulpe und Hyazinthe, kommt die Kaiserkrone aus türkischen Gärten. Ihre ursprüngliche Heimat war Innerasien. Erst im Laufe des 17. Jahrhunderts kam die herrliche Blume, die mit ihrem Kranz hängender, spitz zulaufender Blütenblätter wirklich an eine herabhängende Krone erinnert, als wohlgehütete Rarität in die barocken Ziergärten der Fürsten.
Ihr Siegeszug in die Bürgergärten, in denen sie im 19. Jahrhundert zu den Lieblingsblumen zählte, war nicht aufzuhalten. Bald war sie dann auch in den Bauerngärten heimisch, aus denen die altmodisch aussehende Blume heute nicht mehr wegzudenken ist.
BOTANISCHES Die Kaiserkrone gehört zur großen Familie der Liliengewächse. Ihre gelblich gefärbte Zwiebel, die einen unangenehmen Moschus-Knoblauch-Geruch verbreitet, hält in ihrer Umgebung aufgrund der enthaltenen Bitterstoffe Mäuse und Maulwürfe fern und kann deshalb gezielt als Schutzbarriere für gefährdete Pflanzen eingesetzt werden. Man sollte ihr im Garten einen sonnigen Platz mit nahrhaftem, durchlässigem Boden suchen, wo sie über Jahre ungestört gedeihen kann. Am besten wird sie im Herbst etwa fünfzehn Zentimeter tief auf eine Handvoll grobem Sand als Drainage gepflanzt.
Im Frühjahr wächst aus einem „Bündel" lanzettenförmiger Blätter ein fleischiger, dicker Stängel mit einem feuerfarbigen oder leuchtend gelben Blütenglockenkranz, gekrönt von einem Blätterschopf.
Der Botaniker und Arzt Tabernaemontanus (1522–1590) wusste mit den Kaiserkronen, dem „neumodischen Gewächs", wie er die Blume etwas verächtlich nannte, nicht viel anzufangen. *Es seyn gar ausländische Krauter und fremd in Teutschland. Sie werden nunmehr in Lustgärten gezieht, ihre Natur und Eigenschaft ist noch unbekannt.* Eine heilende Wirkung ist bis heute nicht festzustellen, es sei denn, dass ihre Schönheit das Herz erwärmt.
VERWANDTE Die Schachbrettblume (*Fritillaria meleagris*), auch Kibitzei genannt, ist eine enge, aber viel unscheinbarere einheimische Verwandte. Ihre höchstens zwei bis drei schachbrettartig gezeichneten, meist braun-violetten Blütenglocken führten zu diesem Namen.

→ Pfingstrose

PAEONIA OFFICINALIS

Benediktenrose, Rose ohne Dornen, Antlassrose (Fronleichnamsrose), Gichtrose, Schreckrose, Zahnerbsen, Zahnkorallen

Die Rose ohne Dornen gehört Maria zu,
bewacht wie eine Mutter des frommen Schläfers Ruh,
bringt Blütenpracht zu Pfingsten, dass jedes Auge staunt,
und ihre Samenkapsel von Schmerzensfreiheit raunt.

LILO BOLLEREY (*1938)

Bendiktenrose heißt die Pfingstrose, weil die Benediktiner sie im Mittelalter aus Italien in ihre Klostergärten mitbrachten und auch, da sie die „gebenedeite" (lat. *benedicta*) Rose auf den Tafelbildern der Muttergottes, der Jungfrau Maria, „der Rose ohne Dornen", ist.
BOTANISCHES Früher war allerdings nicht die gefüllte Pfingstrose üblich, wie wir sie heute fast ausschließlich in den Bauerngärten sehen, sondern die einfache, die man noch in Italien und den Südalpen wild wachsend antreffen kann. Diese ungefüllte Rose öffnet ihre Blüten etwa einen Monat früher als die kultivierten modernen Züchtungen.
Die Pfingstrose liebt einen sonnigen bis halb schattigen Platz in gutem Gartenboden. Dabei muss sie so gepflanzt werden, dass die Triebe aus dem verdickten Wurzelstock nur wenige Zentimeter unter der Erde liegen. Sobald sie gut angewachsen ist, ist sie sehr anspruchslos und benötigt kaum noch Pflege. Die ursprünglichen ungefüllten Bauernpfingstrosen sind jedoch robuster als die gefüllten Züchtungen.
Diese Staude, eine der langlebigsten im Garten, treibt im Frühjahr große gelappte Blätter an festen Stielen. Darüber erheben sich etwa um Pfingsten ihre großen, duftenden, meist gefüllten, üppigen Blüten in Dunkelrot, Rosa bis Weiß an kräftigen Stängeln. In katho-

RECHTE SEITE
Kaierkronen, Pracht aus Haremsgärten, Weinmann, Eigentliche Darstellung (1735)

c
a
b

lischen Gegenden werden auch heute noch an Fronleichnam vor den Prozessionsaltären bunte Blumenteppiche unter anderem mit ihren Blütenblättern gelegt. Nach dem Abblühen entstehen drei sogenannte Balgfrüchte, hoch stehende, behaarte, feste Säckchen, die den glänzenden, Unheil abwehrenden schwarzen Samen enthalten, welcher der „Schreckrose" ihren Namen verliehen hat. Gegen Ende des Sommers verdorren die Blätter, und im Winter hat sich die Pflanze ganz in die Wurzel zurückgezogen.

HEILWIRKUNG Die getrockneten Blütenblätter wurden in der Volksmedizin gegen Rheuma, Gicht, Krampfanfälle und Atemwegserkrankungen eingesetzt. Vor allem aber galt der in den Kapseln enthaltene Samen als heil- und schutzmächtig. Hildegard von Bingen (1098–1179) empfahl, Menschen, die länger bewusstlos lagen, in Honig getauchten Samen auf die Zunge zu legen. Das bringe sie schnell wieder zu Bewusstsein und klarem Verstand.

Heute wird vor jeglicher Verwendung als Heilpflanze gewarnt, nur die Blütenblätter findet man in manchen Tees als farbigen Bestandteil. Blätter und Samen können Magen- und Darmentzündungen verursachen, da die Pflanze ein Alkaloid enthält, das die Blutgerinnung fördert.

MAGISCHES Unbezweifelt war die dem Samen und der Wurzel zugeschriebene magische Wirkung. Das Tragen einer Kette aus Samenkörnern schützte, wie auch der Spruch aussagt, vor den Angriffen des Alb, der dem Schläfer nachts den Atem raubt. Die Wurzel, auf die Brust gelegt, bewahrt vor epileptischen Anfällen, glaubte man.

Welches kyndt dißer körner by im treyt /
Einem Kind, das die Samenkörner bei sich trägt,
dem mag der böß geist kein böß zufügen.
dem vermag kein Alb zu schaden.

ALTER SPRUCH

GANZ OBEN
Ungefüllte Pfingstrose, Fuchs, Kreüterbuch (1543)

MITTE
Frauenmantel, Fuchs, Kreüterbuch (1543)

UNTEN
Glitzernde Kette am Blattrand

LINKE SEITE
Die Pfingstrose versteckt ihre Schönheit nicht hinter Zaunlatten.

→ Frauenmantel

ALCHEMILLA XANTHOCHLORA

Sinau (Immer-Tau), Taurosenkraut, Marienmantel, Frauentrost, Frauenbisskraut, Löwenfußkraut, Herbstmantel, Alchemistenkraut

Das Kräutlein treibt ein rundes Blatt
Wie keines ringsherum es hat.
Mit zierlich ausgekerbtem Rand
Ist für den Tau es ausgespannt,
Recht als ein Schälchen hingestellt,
In welches Perl' auf Perle fällt. [...]

JOHANNES TROJAN (1837–1915), TAUSCHÜSSEL

Ihren mittelalterlichen Namen verdankt diese Pflanze ihren mantelförmigen Blättern, die an den pelerinenartig fallenden Mantel der sogenannten Schutzmantelmadonna auf Tafelbildern erinnern. Der Name trifft aber auch zu, weil aus dieser Pflanze Heilmittel gegen viele Frauenkrankheiten gewonnen wurden.

Der viel ältere Name „Sinau" („Immertau") kommt von einer Besonderheit der Blätter: In Nächten mit hoher Luftfeuchtigkeit scheiden sie an ihren Rändern reichlich Wasser aus, das zunächst wie eine schimmernde Glasperlenkette an den Rändern funkelt und sich dann in größeren Tropfen in der trichterförmigen Vertiefung der Blattmitte sammelt. Dieses Wasser galt als „Himmlischer Tau", dem man nicht nur die Kraft zuschrieb, Sommersprossen zu vertreiben, wenn man morgens sein Gesicht damit wusch. Der Tau regte Alchimisten zu unzähligen Experimenten an, auch zu dem Versuch, mit seiner Hilfe Gold herzustellen.

BOTANISCHES Der wild wachsende Frauenmantel liebt feuchte Wiesen und Bachufer und ist vom Tiefland bis zum Gebirge in fast ganz Europa heimisch. In den Bauerngärten findet man häufig wie seit Jahrhunderten die größere bis vierzig Zentimeter hoch wachsende Kulturform der im Mittelalter sehr geschätzten Heilpflanze mit magischen Zügen. Der kräftige, verholzte Wurzelstock gibt der Pflanze mit ihren großen Blättern genügend Halt. Die zunächst deutlich fächerförmig gefältelten Blättchen öffnen sich zu kreisrunden, gelappten Blättern mit trichterförmiger Vertiefung in der Mitte.

Winzig kleine, gelbliche Blüten, in lockeren Knäueln verastet, überragen an dünnen Stielen die Blätter wie ein duftiger Schleier und werden gern in Blumenarrangements eingebunden.

Insgesamt ist die anspruchslose Pflanze im Garten ein reizvoller „Lückenfüller", der auch kein Unkraut in seiner Umgebung aufkommen lässt.

HEILWIRKUNG Gerb- und Bitterstoffe, etwas ätherisches Öl, Flavonoide und andere breit gefächerte Inhaltsstoffe machten den Frauenmantel in der Kräutermedizin zu einer bedeutenden Heilpflanze, die blutreinigend, entzündungshemmend und wundheilend wirkt. Gepressten Blättersaft träufelte man auf entzündliche Wunden und Geschwüre, verwendete ihn auch bei offenen Beinen und Zahnfleischbluten. Zerquetschte frische Blätter waren bei Insektenstichen und kleineren Wunden ein beliebtes Mittel.

Besonders aber bei Frauenleiden wie übermäßiger Menstruation und klimakterischen Beschwerden sowie als Hilfe vor und nach der Geburt wurde ein Tee aus dem blühenden Kraut und den Blättern verordnet. Wegen der Inhaltsstoffe wird heute eine solche Wirkung sehr angezweifelt.

MAGISCHES Um die Heilkraft zu erhöhen, pflegte man die Bestandteile zwischen zwei „Frauentagen" (Maria Himmelfahrt, 15. August, und Maria Geburt, 8. September) zu pflücken.

KULINARISCHES Die leicht bitter schmeckenden jungen Blätter können, mit anderen Kräutern gemischt, in Gemüse und Kräutersuppen verwendet werden.

OBEN
Gelbveilchen, Fuchs, Kreüterbuch (1543)

LINKE SEITE
Der Goldlack macht seinem Namen alle Ehre.

→ Goldlack

CHEIRANTHUS CHEIRI

Mariennelke, Gelbveigel (gelbes Veilchen)

Und um das Grab des Herzliebsten mein
Blüht Amarant und Gelbveigelein.

VOLKSLIED

Der Goldlack gehört wie Lilie, Pfingstrose, Rose, Schwertlilie, Gartennelke, Bartnelke und Nachtviole zu den Duftpflanzen. Sein veilchenartiger Duft hat ihm im Mittelalter den Namen „Gelbveigel" eingebracht. Viele dieser wohlriechenden Pflanzen galten auch als Arznei- und Gewürzpflanzen. Der heutige Namen „Goldlack", der sich auf die Blütenfarbe bezieht, kam erst im 18. Jahrhundert auf.

BOTANISCHES Der Goldlack, der zur Familie der Kreuzblütler zählt, stammt aus den östlichen Mittelmeerländern. Deshalb fühlt sich die etwa zwanzig bis sechzig Zentimeter hohe, zwei- bis mehrjährige, buschige Staude mit ihren lanzettlich ganzrandigen Blättern auch an einem sonnigen Platz besonders wohl. Gold-gelb gefärbte, samtige Blüten sitzen schon im Frühjahr in Trauben an den Stielenden. Wie dicke Stopfnadeln stehen später die Samenschoten aufrecht an den Stängeln.

Man hat mehrere Jahre Freude an der Pflanze, wenn sie an einem warmen, leicht kalkhaltigen, windgeschützten Plätzchen wächst. Im Winter sollte man sie mit etwas Reisig abdecken, denn in den südlichen Ländern zählt der Goldlack zu den ausdauernden Pflanzen.

Ende des 16. Jahrhunderts kamen in England die ersten gefüllten Sorten auf. Heutigen großblütigen Züchtungen in den verschiedensten Gelb-Braun-Schattierungen fehlt leider der typische veilchenähnliche Duft.

HEILWIRKUNG Der Römer Plinius († 79 nach Christus) berichtet schon von der Verwendung des Goldlacks als Heilmittel. Seine Wurzel helfe gegen Gicht und die Blätter, in Honig getunkt, bei Geschwüren am Kopf, in Essig eingelegt, gegen eitrige Entzündungen. Im Mittelalter und zu Beginn der Neuzeit gehörte Goldlack immer noch zu den Heilpflanzen, denn er enthält ätherisches Öl, Vitamin C, Gerb- und Farbstoffe, aber auch, vor allem in Blättern und Samen, toxische Herz-Glykoside. Deshalb bleibt es besser bei dem alten Satz: *Es werden diese Veyel wegen ihrer schönen Gestalt und lieblichen Geruchs in den Würtzgarten gepflanzt.* Wie das eingangs erwähnte Volkslied belegt, war er auch eine beliebte Grabpflanze.

→ Ringelblume

CALENDULA OFFICINALIS

Goldblume, Sonnenwende, Sonnenbraut, Stinkblume, Butterblume, Totenblume, Engelröschen, Weinblume, Studentenblume, Ringelrose, Marienrose

Sie fangen an im Mayen zu blühen
und währen für und für
in stätiger Blüt bis in den Winter hinein.

TABERNAEMONTANUS (1588)

Die ursprünglich aus Südeuropa stammende Ringelblume gehört wahrscheinlich zu den ältesten Blumen und Heilkräutern im Bauerngarten. Bis heute hat sie nichts von ihrer Beliebtheit eingebüßt.

BOTANISCHES Die einjährige Blume mit ihren goldgelben bis orangefarbenen Strahlenblüten gehört zur Familie der Korbblütler. Blätter und Blüten, aber auch der aus den Schnittflächen der Stängel austretende klebrige Saft verbreiten einen eigentümlich würzigen, angenehmen Duft.

Die Ringelblume öffnet ihre Blüten zur Sonne hin, dreht sie nach ihrem Lauf und schließt sie bei Sonnenuntergang. Deshalb hieß sie im Mittelalter „Sonnenwende" oder „Sonnenbraut". Diese Namen in den alten Texten besagen aber nicht eindeutig, dass immer unsere Ringelblume gemeint ist, da sich auch andere Pflanzen, z.B. die Wegwarte und natürlich die Sonnenblume, nach der Sonne ausrichten. Die „Sonnenbraut" galt den Bauern auch als Wetterprophet: Öffnete sie ihre Blüten nicht wie üblich früh am Morgen, verhieß das Regen.

Die Ringelblume ist ein fast „unverwüstliches" Gartengewächs, das auf den meisten Böden gedeiht, auch im Halbschatten. Als Kind des Südens entwickelt sie allerdings in der Sonne einen höheren Gehalt an wertvollen Inhaltsstoffen wie ätherischem Öl, Bitterstoffen, Harzen, Schleim, Calendulin und Farbstoffen.

Ihre Samen biegen sich ringförmig in verschiedensten Formen; nach diesen ringförmigen Früchten nannte Hildegard von Bingen (1098–1179) sie schon „Ringula" oder „Ringella".

Besonders gut eignet sie sich im bäuerlichen Garten als „Lückenfüller". Hat sie einmal im Garten Fuß gefasst, samt sie sich jedes Jahr von Neuem aus, stets an anderen Stellen. Wächst sie am Rand des Gemüsebeetes, vertreibt sie die gefürchteten Wurzelälchen.

HEILWIRKUNG Die Ringelblume ist heute eine ausgesprochen populäre Heilpflanze und ein wichtiger Bestandteil von Salben zur Wundheilung und Hautpflege. Früher bereitete die Bäuerin auf der Basis von Schweineschmalz eine Salbe, die man vor allem auf rissige Hände, Frostbeulen, Quetschungen und Schnittwunden, die sich bei den Bauern schnell entzündeten, auftrug.

Ihre früher häufige Verwendung bei Leber- und Gallenleiden wurde vor allem durch die gelb-orange Farbe inspiriert, weil man glaubte, Gleiches mit Gleichem heilen zu können.

Tee aus frischen oder getrockneten Blütenblättern wirkt blutreinigend, krampflösend und entzündungshemmend, wurde aber auch bei Darm- und Magenverstimmung getrunken.

KULINARISCHES Frische junge Blütenblättchen verleihen Salaten hübsche Farbtupfer und einen pikanten Geschmack. Auch zum Garnieren verschiedener Getränke und Speisen eignen sich die gelb-orangen Blättchen. Früher benutze man sie auch, um Käse und Butter goldgelb zu färben und um den echten, sündhaft teuren Safran „zu strecken" oder zu ersetzen.

MAGISCHES Man sagte der Ringelblume nach, Liebe zu erwecken. Ein dürftiger Rest dieses Glaubens ist das spielerische Zupfen der Blütenblättchen mit den Worten: *Er/sie liebt mich, liebt mich nicht*. Noch Hieronymus Bock (1498–1554) berichtet, dass man aus den Blüten einen Liebestrank machte, der Erfolg garantiere. Nach anderen Quellen genügte es schon, ein Stück der Pflanzenwurzel bei sich zu tragen.

Tee-Rezept 1–2 TL Blütenblätter mit heißem Wasser übergießen, 10 Minuten ziehen lassen und abseihen.

OBEN
Ringelblume, Fuchs, Kreüterbuch (1543)

RECHTE SEITE
Ringelblumen leuchten aus jedem Bauerngarten.

→ Mutterkraut

TANACETUM PARTHENIUM

Fieberkraut, Mutterkamille, Elfenbeinknöpfchen, Schneebällchen, Matronenkraut, Mettram, Jungfernkraut, Weihnachtsbrosamen

Dem Mutterkraut, hilfreich zu Frauen,
schenkt man schon jahrelang Vertrauen.
Im Wochenbett und bei Migräne
Da trocknet's manche Träne.

LILO BOLLEREY (*1938)

Auffällig ist bei den verschiedenen Benennungen die Zahl der Namen, die auf eine besondere Beziehung oder Bedeutung der Pflanze für die Frauen hindeuten. Schon in der Antike waren Blüten und Blätter beliebte Heilmittel bei Frauenkrankheiten. Karl der Große befahl in seiner berühmten Landgüterverordnung, in der es wohl unter dem Namen „febrifugia" (das Fieber vertreibend) auftaucht, die aus Südeuropa stammende Pflanze auf den Königsgütern anzubauen. Schon bald hatte sie über die Klostergärten den Weg zu den Bauern gefunden.

BOTANISCHES Dieses robuste Kraut, das auch manchmal verwildert und sich im Garten, wenn es einmal Fuß gefasst hat, selbst vermehrt, ist sehr anspruchslos. Ein durchlässiger, etwas kalkhaltiger Boden und Sonnenschein genügen ihm, um reichen Blumenschmuck zu bringen. Es lässt sich auch problemlos umpflanzen. Das Mutterkraut bildet dicht ausladende, mehrjährige, etwa zwanzig bis vierzig Zentimeter hohe Stauden mit holzigen, gefurchten Stängeln. An ihren Enden blühen ganze Sträuße kleiner Korbblüten mit gelbem Grund und weißen, manchmal gefüllten hübschen Blüten, ähnlich der Kamille. Die gefiederten, gelbgrünen weichen Blättchen verströmen wie die ganze Pflanze einen intensiv streng aromatischen Duft, den nicht jeder mag, und haben einen bitteren Geschmack.

HEILWIRKUNG Die Kräuterkundigen des 16. und 17. Jahrhunderts empfahlen das Mutterkraut bei vielen Gebrechen, vor allem bei Menstruationsbeschwerden und im Wochenbett, Schwangere dürfen es dagegen nicht verwenden. *Das Kraut ohne die Blumen ist auch gut, getruncken wider den stein, den kurtzen Athem …*, heißt es in einem alten Kräuterbuch. Der hohe Gehalt an ätherischem Öl, das auch Kampfer enthält, seine Kohlenhydrate, Mineralsalze und andere Wirkstoffe machten die Pflanze zu einem gefäßerweiternden, schmerz- und rheumalindernden, fiebersenkenden, den Magen anregenden Mittel, das auch antiseptisch und wundheilend wirkt. Neuere Untersuchungen belegen die seit langem vor allem von der Volksheilkunde behauptete Fähigkeit des Mutterkrauts, „Zustände der Melancholie und Kopfschmerzen" bei Migränepatienten zu mildern. Die damit Geplagten sollten täglich ein mit höchstens fünf frischen Blättchen belegtes Brot essen. Schon ein Blättchen täglich soll Migräne vorbeugen, zumindest die Häufigkeit der Anfälle reduzieren.

MOTTENSCHRECK Die getrockneten Blätter in Duftkissen verscheuchen Motten.

MAGISCHES Die am Heiligen Abend vom Tischtuch in den Schnee geschüttelten Brosamen wachsen dort im nächsten Jahr als Mutterkraut, glaubte man in einigen Gegenden Tirols. Daher nannte man es dort „Weihnachtsbrosamen".

→ Phlox

PHLOX PANICULATA

Ein Sommer ohne Phlox ist gar kein Sommer.

AUSSPRUCH EINER ALTEN BÄUERIN

Der Phlox ist eine typische Bauerngartenpflanze. Denkt man an die sommerlichen Bauerngärten der Vergangenheit, so entsteht unwillkürlich das Bild der kräftigen rosa, roten und weißen Phloxstauden mit ihrer berauschenden Blütenfülle vor dem geistigen Auge.

BOTANISCHES Phlox gehört zur Gattung der Sperrkrautgewächse mit über fünfzig Arten in Nordamerika und Nordostasien. Wann er jedoch erstmals in unseren Gärten auftauchte, bleibt im Dunkeln. Er ist eine ausdauernde, selten einjährige Pflanze mit glattrandigen Blättern und doldentraubigen Blütenbüscheln. Die vielen großen Blüten besitzen fünfteilige, tellerförmige Blütenblätter.

GANZ OBEN
Mutterkraut, Fuchs, Kreüterbuch (1543)

OBEN
Phlox in einem Herbarium

RECHTE SEITE
Mutterkraut, eine anspruchslose Gartenzier und Heilpflanze

Im Bauerngarten wachsen fast ausschließlich die mehrjährigen Pflanzen mit Blüten in vielen zarten Pastellfarben. An einem sonnigen und humusreichen Platz wird der Phlox bis 120 Zentimeter hoch. Deshalb pflanzt die Bäuerin ihn gern an den Zaun. Die pflegeleichte Staude verträgt aber keine lange Trockenheit. Fühlt sie sich wohl, dankt sie es mit üppigen Blüten und starkem Wuchs des Wurzelgeflechts, das sich leicht teilen lässt. Selten trifft man den polsterbildenden, flaumig behaarten Moos-Phlox (*P. subulata*), der fünf bis zehn Zentimeter hoch wird und sich in Spalten der Gartenwege behauptet.

GANZ OBEN
Strahlende Blütenkronen des Alants

OBEN
Alant, Fuchs, Kreüterbuch (1543)

LINKE SEITE
Der gefüllte Mohn will dem Phlox die Schau stehlen.

→ Echter Alant

INULA HELENIUM

Helenenkraut, Helenenwurz, Odinskopf, Wodanshaupt, Gottesauge, Brustalant, Darmwurz, Flohkraut, Großer Heinrich, Edelwurz

Alantwurtzeil ist ongevärlich die gröst und schönst under den gestirnten blumen [...].

HIERONYMUS BOCK, KREUTTERBUCH (1546)

Dieses Lob kann keineswegs überraschen, berichtet die Sage doch, der Alant sei aus den Tränen der Königin Helena entsprossen oder – in einer Variante – auf diese Pflanze seien ihre Tränen geflossen, als der trojanische Prinz Paris sie beim Pflücken der Pflanze entführte. Keine geringere als die Göttin der Liebe, Aphrodite, hatte sie Paris als die schönste aller Frauen versprochen. Auch aus einigen anderen überlieferten Namen geht hervor, dass sich die Pflanze in höchster Gesellschaft sehen lassen kann. All das beweist, dass das Helenenkraut eine alte und weit verbreitete Gartenpflanze ist. Wahrscheinlich stammt der Echte Alant aus Zentralasien.

BOTANISCHES Die anspruchslose, ausdauernde, dabei sehr dekorative Staude, die wegen ihrer Größe besser am Gartenrand gepflanzt wird, verankert sich mit ihrem kräftigen, reich verzweigten Wurzelwerk tief im feuchten, etwas modrigen Boden. Eine Bauernweisheit sagt: *Der Alant liebt feuchte Füße, Schatten aber mag er nicht.*

Im Frühjahr wachsen zunächst große Blätter, die das Erdreich beschatten und dadurch die Feuchtigkeit halten. Aus den bis zu 1,5 Meter hohen, verzweigten Stängeln mit herzförmigen, unterseits filzigen Blättern wachsen große Blütenköpfe, die die Pflanze deutlich als Korbblütler ausweisen, mit schmalen, leuchtend gelben Blütenblättern.

Leider ist die Staude sehr selten geworden und im Handel kaum zu finden, in Süddeutschland wächst sie aber noch in vielen Bauerngärten, so dass man vielleicht von einer freundlichen Bäuerin einen Ableger bekommen kann.

KULINARISCHES Schon in der Antike wurden die Wurzeln als Naschwerk kandiert. So erzählt Plinius († 79 nach Christus), die lebenshungrige Tochter des Kaisers Augustus, Julia, habe täglich einige dieser Leckereien gegessen, um ihren Magen und ihre Stimmung zu bessern. Auch im Mittelalter lutschten nicht nur Kinder die kandierten Wurzeln, sie waren zudem ein beliebtes Hustenmittel.

HEILWIRKUNG Hildegard von Bingen (1098–1179) empfahl Lungenkranken einen Alantsud aus den in Scheiben geschnittenen Wurzeln. Vor allem Alantwein wurde in der Volksmedizin fast wie ein Universalheilmittel eingesetzt. Auch für Leonhart Fuchs (1501–1566) war der Alant in verschiedenen Zurichtungen ein breit eingesetztes Medikament. Da Überdosierungen zu Erbrechen, Magengeschwüren und Allergien führen können, wird heute von einer medizinischen Verwendung abgeraten. Für die heutige Bäuerin ist der Alant nur noch schöne Gartenzier.

→ Kapuzinerkresse

TROPAEOLUM MAJUS

Guck-über-den Zaun, Kanarienvöglein, Rote Blume aus Peru, Kapern, Blume der Liebe

Die „kleine Feuerwerkerin" schmückt Zäune und Salat.

ALTER SPRUCH

„Kleine Feuerwerkerin" heißt sie, weil man an heißen Sommerabenden kleine elektrische Entladungen an der Blüte wie Feuerfunken sehen kann. Die Tochter des bekannten schwedischen Naturforschers und Arztes Carl von Linné (1707–1778) soll dieses Phänomen, das auch bei der Nachtviole bekannt ist, entdeckt haben.

Der Name „Rote Blume aus Peru“ verrät schon, dass die Pflanze relativ spät in unseren Gärten auftaucht. Erst gegen Ende des 18. Jahrhunderts brachten Seeleute, vielleicht auch ein Kapuzinermönch, Samen der Gartenblume nach Europa.

BOTANISCHES Auf leichtem, humushaltigem Boden gedeiht die einjährige Pflanze mit ihren sattgrünen, schirmartigen Blättern und den vielen gelb-rot-orangen Blüten mit ihrem langen Sporn an der Rückseite, so dass die Blüte wie eine Mönchskapuze wirkt – der Grund für ihren ersten Namensbestandteil. Sie treibt den ganzen Sommer über bis in den Spätherbst immer wieder neue Blüten. Aus ihnen bilden sich je drei grüne, gerillte Kapselfrüchte, die man jung wie Kapern in Essig einlegen kann.

Wenn man den Samen am Zaun auslegt, wird sie ihrem Namen „Guck-über-den Zaun“ durchaus gerecht. Sie rankt sich auch zwischen anderen Pflanzen durch, ohne diesen ihr Lebensrecht zu nehmen.

Ihre Gegenwart am Fuß gefährdeter Bäume ist Schutzschild gegen Blutläuse. Auch Schnecken, Raupen und Ameisen verwehrt sie den Zutritt zu Gemüse- und Blumenbeeten.

KULINARISCHES UND HEILWIRKUNG Die Blüten und klein gehackten jungen Blätter schmecken dank des Schwefelgehalts erfrischend kresseartig scharf – die Erklärung für diesen Namensteil – und erfreuen Auge und Gaumen in Salaten. Ihr Vitamin-C-Gehalt und die antibiotisch wirkenden Inhaltsstoffe helfen bei Grippe und Erkältung, weil sie die körpereigenen Abwehrkräfte aktivieren sollen. Die in Essig eingelegten Blütenknospen werden ebenfalls wie Kapern genutzt. Früher wurde die Kapuzinerkresse als wirksames Mittel gegen Skorbut empfohlen. Man sagt ihr auch nach, dass sie sich den Namen „Blume der Liebe“ redlich verdiene. Weil sich die Kapuzinerkresse auch gut im Balkonkasten ziehen lässt und damit einem kleinen Balkon den Schein eines Gartens verleiht, gibt es für die Köchin keinen Grund, Rezepte mit Blättern und Blüten nicht selbst auszuprobieren. Da es beim Essen größerer Mengen von Blättern und Blüten zu Schleimhautreizungen im Magen-Darm-Trakt kommen kann, sollte man den Verzehr nicht übertreiben.

→ Großblütige Königskerze

VERBASCUM DENSIFLORUM

Wollkraut, Fackelblume, Brennkraut, Himmelbrand, Johannis-, Marien-, Frauenkerze, Unholdenkraut

Und wie diß Kräutlein auch vergeht,
Wenn's lang in seinem Pracht gesteht,
Also groß Herren in der Welt
Von Gott bald werden auch gfellt (gefällt).

KONRAD ROSBACH, KÖNIGS KERTZ (1588)

Von der Antike übers Mittelalter bis weit in die Neuzeit tauchte man die große Königskerze in Wachs, Harz oder Pech und freute sich an der königlichen Kerze oder Fackelblume. In Frankreich soll es noch zu Beginn des 20. Jahrhunderts in manchen Gegenden einen Tag gegeben haben, an dem junge Burschen mit brennenden „Fackelblumen“ durchs Dorf liefen.

BOTANISCHES *Inmitten des niedrigen Volkes der Kräuter, wie sie an sonnigen Hängen, an Rainen [...] und Schuttstellen wachsen, erhebt sich stolz die Königskerze*, beginnt Heinrich Marzell sein Kurzporträt. Die mannshohe Pflanze wächst wild in fast ganz Europa. Als alteingesessene Bauerngartenpflanze ist sie am Gartenzaun eine besondere Zierde. Fast wie ein Wächter steht sie da, mit ihrer Pfahlwurzel tief im Boden verankert, und stellt kaum Ansprüche. Am liebsten mag sie mageren, sandigen Boden in praller Sonne. Auf einen nährstoffreichen Untergrund reagiert sie sogar mit schwächerem Wuchs.

Die zweijährige Staude bildet im ersten Jahr nur eine Grundrosette aus üppigen, grau-grünen, filzig behaarten Blättern, was ihr den Namen Wollblume einbrachte, ein alter Name, denn Hildegard von Bingen (1098–1179) nannte sie bereits „Wullena“, die Wollene. Im zweiten Jahr wächst ein meist unverzweigter, dicht mit Blättern besetzter, holziger Blütentrieb bis zu einer stolzen Höhe von zwei Metern empor. Ährenartig angeordnet, öffnen sich im Hochsommer zahlreiche große zitronengelbe, duftende Blüten nacheinander und locken ganze Schwärme von Bienen und Hummeln an. In Kapseln reift dann der feinkörnige Samen.

OBEN
Gefüllte Kapuzinerkresse, Weinmann, Eigentliche Darstellung (1735)

RECHTE SEITE
Ihrem Namen „Guck über den Zaun" macht die Kapuzinerkresse alle Ehre.

Diese großblütige Königskerze hat eine Reihe ebenfalls wild wachsender Verwandter – mit meist übereinstimmenden Inhaltsstoffen – wie die gleich große, ebenfalls zweijährige Gemeine Königskerze (*V. phlomoides*) mit etwas kleineren Blüten, dafür aber mit mehreren „Kerzen" und die Kleinblütige Königskerze (*V. thapsus*). Mehrere blütentragende Stängel mit kleinen gelben Blüten, die purpurrote Fleckchen aufweisen, machen diese kleinere, dauerhafte Pflanze sehr attraktiv. Außerdem gibt es die mehrjährige Schwarze Königskerze (*V. nigrum*) mit dunklen Flecken an den Blütenblättern, deren Blätter nur unterseitig filzig behaart sind.

Tee-Rezept Je Tasse 1–2 TL frische oder getrocknete Blüten ohne Kelche mit kochendem Wasser übergießen, 10–15 Minuten ziehen lassen; vor dem Trinken wegen der Härchen durch ein Tuch abseihen.

HEILWIRKUNG Die verschiedenen Inhaltsstoffe wie ätherisches Öl, Flavonoide, Saponine und Schleim machten die Königskerze zu einem wichtigen Heilmittel – oft in Verbindung mit magischen Praktiken. Hildegard von Bingen (1098–1179) empfahl sie bei Heiserkeit und Brustschmerzen und bei Depressionen, einem *schwachen und traurigen Herz*.

In der Volksmedizin sind Blüten ohne Kelch in Tees als schleimlösendes Mittel bei Atemwegsbeschwerden üblich. Das sogenannte „Königsöl", ein Auszug der frischen Blüten in Pflanzenöl, war ein beliebtes Wundheilmittel.

MAGISCHES In den Kräutersträußen, die man in Süddeutschland und im Rheinland an Mariä Himmelfahrt (15. August) in katholischen Gegenden weihen lässt, bildet die Königskerze oft den Mittelpunkt. Der Strauß wurde – und wird in Bayern auch heute noch – sorgfältig aufbewahrt. Zog ein Gewitter auf, warf man einige Kräuter aus dem „Buschen" als Blitzschutz ins Feuer; erkrankte ein Tier, steckte man etwas von den geweihten Kräutern in sein Futter.

WETTERORAKEL Auch den Schneefall des kommenden Winters las man von der Kerze ab: Standen die Blüten tief am Stängel, schneite es schon früh, blühten sie vorwiegend an der Spitze, fiel Schnee erst in der zweiten Winterhälfte.

GANZ OBEN Königskerze, Fuchs, Kreüterbuch (1543)

OBEN Stockrose, Fuchs, Kreüterbuch (1543)

LINKE SEITE Aus kräftiger Blätterrosette treiben Königskerzen ihre leuchtenden Blüten.

→ Stockrose, Stockmalve

ALTHAEA ROSEA

Malve, Pappel, Samtpappel, Baummalve, Pappelrose, Schwarze Malve, Gasseneibisch

Ob purpurfarben, gelb, ob weiß,
Blüht sie, der Bauerngärten Preis,
lehnt an roten Backsteinwänden,
Kann auch sehr viel Heilkraft spenden.

LILO BOLLEREY (*1938)

Die Stockrose ist sicher eine der bekanntesten Blumen im Bauerngarten, aber keineswegs seit je dort heimisch. Es ist unklar, seit wann sie bei uns zu finden ist. Vielleicht ist die von Albertus Magnus (1200–1280) „Malvenbaum" (*arbor malvae*) genannte Pflanze eine Stockrose. Mit Sicherheit lässt sie sich aber erst im 16. Jahrhundert nachweisen.

Das bei den volkstümlichen Namen auftretende Wort „Pappel" war die ältere deutsche Bezeichnung für die Wilde Malve (*Malva sylvestris*) oder die Wegmalve (*Malva neglecta*). Unser gebräuchlicher Name „Malve" wurde erst sehr spät von der lateinischen Bezeichnung „Malva" übernommen.

BOTANISCHES Mit ihren kräftigen, in die Tiefe gehenden Wurzeln verankert sich die gut zwei Meter hoch wachsende, zweijährige, manchmal ausdauernde Pflanze fest im Boden. Um sich zu voller Pracht zu entfalten, benötigt sie einen nahrhaften, sonnigen Platz ohne Staunässe. In den Gärten sieht man die hohen Blütenähren mit den lang gestielten, großen und samtigen Blüten und den ebenso lang gestielten, fast runden, unterseits filzigen Blättern meistens direkt an die Hauswand oder an den Gartenzaun angelehnt. Ursprünglich war eine einfach blühende Sorte mit fast schwarzen Blüten sehr beliebt. Sie ist im Handel unter dem Namen *Althaea rosea nigra* erhältlich. Mit der Zeit entstanden viele Farbvarianten von Weiß über Gelb, Purpurrot bis Schwarz mit gefüllten Blüten. Nahe verwandt mit ähnlicher Blütenform ist die Feigenblättrige Stockrose (*A. ficifolia*). Die Stockrose war übrigens Goethes Lieblingsblume; er ließ eine ganze „Allee" von der Straße bis zu seiner Haustür pflanzen.

Im 19. Jahrhundert schien der ganze Bestand durch den „Malvenrost" gefährdet, durch den die Blätter braune Tupfen bekommen und dann verwelken. Vorbeugend kann man in Wasser angesetzte Schachtelhalmbrühe spritzen. Neueste Züchtungen sind jedoch robust und fast resistent gegen diese Krankheit.

HEILWIRKUNG Der im Volksmund vorkommende Name „Pappel" leitet sich wohl von dem lautmalerischen „Papp" oder „Pappes", dem volkstümlichen Wort für Brei, ab, denn aus den jungen Blättern der Wilden Malve und der Wegmalve wurde ein spinatartiger, leicht verdaulicher Brei für Kinder bereitet. Das Gemüse aus Stockrosenblättern sei zwar angenehm im Geschmack, aber wenig bekömmlich, behauptet Hieronymus Bock (1498–1554). Die Stockrose war also kein Nahrungsmittel. Wegen des Schleimgehalts verwendet die Volksmedizin die getrockneten Blüten als Tee bei Mund- und Rachenschleimhautentzündungen, aber auch bei Magen-Darmbeschwerden und Harnwegskatarrhen.

PURPURFARBENER WEIN Mit den Blütenblättern der purpurfarbenen bis fast schwarzen Sorten machten Winzer ihren blassen „Roten" wenigstens zu einer Augenweide.

GANZ OBEN
Eibisch, Fuchs, Kreüterbuch (1543)

OBEN
Hauswurz, Fuchs, Kreüterbuch (1543)

LINKE SEITE
Feigenblättrige Stockrosen vor einem rheinischen Bauernhaus

→ Eibisch

ALTHAEA OFFICINALIS

Weiße Pappel, Sammetpappel, Husten-, Heil-, Schleim- oder Hülfwurz

Eibischblüten lindern Augenleiden.

PFLANZENSCHILD, BOTANISCHER GARTEN, TÜBINGEN

Als Wildpflanze wächst der Eibisch auf feuchten Wiesen und an den mitteleuropäischen Küsten. Dieses hübsche Kraut wurde aber auch früh in die Gärten übernommen, wo es einen sonnigen Platz auf nährstoffreichem, leicht gemulchtem Boden schätzt.

BOTANISCHES Der zur Familie der Malven gehörige ausdauernde Eibisch wird, durch kräftige Wurzeln verankert, mit seinen aufrechten Stängeln bis über einen Meter hoch. Seine weißen oder rosafarbenen, ungefüllten Blüten sitzen in den Achsen der samtig weichen, behaarten Blätter, die dem Weinblatt ein wenig ähneln.

HEILWIRKUNG Schon in der Antike wurde die Pflanze als Heilkraut hoch geschätzt. Der Grieche Theophrast († um 280 vor Christus) meinte, die geriebene Wurzel bringe, wenn man sie in Wasser taucht, dieses zum Frieren. Tatsächlich verdickt der besonders starke Schleimgehalt der Wurzel zwar das Wasser, ändert aber nicht die Temperatur. Seit dem Altertum bis zum heutigen Tag werden Tees (im Kaltwasserauszug!) aus Wurzel und Blättern gegen Reizhusten und Entzündungen der Schleimhäute im Mund-Rachen-Bereich eingesetzt. Der nach mehrstündigem Ziehen gewonnene Auszug darf nur schwach erwärmt werden und soll anschließend in kleinen Schlucken getrunken werden. Ferner wurde ein mit kaltem Tee getränktes Tuch auf entzündete Augen gelegt.

Früher war die Bandbreite der Verwendung sehr viel größer. Leonhart Fuchs (1501–1566) empfiehlt in verschiedenen Zurichtungen Eibischextrakte gegen Kropf, Beulen, Entzündungen der Gebärmutter und gegen Blutspeien. Frisch zerquetschte Blätter sind wegen des reizlindernden Schleims ein gutes Mittel bei Insektenstichen.

→ Hauswurz

SEMPERVIVUM TECTORUM

Dachwurz, Donner- und Gewitterkraut, Jupiter- und Donar-/Donnerbart, Steinrose

Ob Wild- oder Kulturform – man weiß es nicht. Von Donar oder Jupiter geschenkt, also vom Himmel gefallen, das könnte schon sein. Denn über Jahrtausende sahen die Menschen die „Ewiglebende/Sempervivum" auf den Stroh- und Reetdächern geduckt unbeirrbar Wache halten oder mit ihren langen Blütenstängeln wie Blitzableiterspitzen jedem Hochsommerunwetter trotzen. Dass sie die Namen der Blitz- und Donnergötter Jupiter und Donar trägt, zeigt, wie sehr man ihr vertraute. Deshalb wollte auch Karl der Große die Hauswurz auf den Dächern der Hofgüter sehen; frei von allem Standesdünkel schützte sie aber auch die bescheidenen Hütten der Bauern.

BOTANISCHES Die winterharte Dachwurz gehört zur Familie der Dickblattgewächse. Mit ihrem flach wach-

senden, auf dem Untergrund haftenden Wurzelgeflecht nimmt sie vor allem Regenwasser auf. Auf der kargen Dachfläche, einer Trockenmauer – daher Steinrose – oder Beeteinfassung muss sie mit dem Wasser, das sie in den zungenförmigen, meist rotbraun gefärbten Blättern speichert, sorgsam umgehen. Humusreicher Boden ist für diese Pflanze so tödlich wie Sahnekuchen für einen Verhungernden.

Aus der Blattrosette wächst erst nach mehreren Jahren ein bis zu dreißig Zentimeter hoher, dicker, dicht beblätterter Blütenstiel, der im Hochsommer rosa bis purpurrote Blütchen an eigentümlichen Blütenständen trägt, die bei Trockenheit am schönsten blühen. Nach der Blüte stirbt die Rosette ab, die sie getragen hat. Außer durch den sehr feinkörnigen Samen vermehrt sich das Gewitterkraut durch viele nach allen Seiten wachsende, lebensfähige Ausläufer mit Wurzeln.

Reich an Varianten ist die Pflanze in Größe, Form und Farbe. Manche haben gespinstartige silberne Haare, die die Blattspitzen verbinden, so dass sie ganz eingesponnen erscheinen (Spinnwebhauswurz), andere dagegen schokoladenbraune, rote oder gemusterte Blättchen oder außerordentlich große Rosetten.

HEILWIRKUNG Da die frischen Blätter Ameisen- und Apfelsäure, Gerb- und Schleimstoffe enthalten, legte die Bäuerin mit den aufgeschnittenen Blättern bei Wespen- oder anderen Insektenstichen, Schürfwunden und rissigen Hände ein wohltuendes Pflaster auf. Es war von Vorteil, wenn der „Erste-Hilfe-Kasten" nicht nur auf dem Dach lag, sondern nahe der Haustür an der Mauer hing!

In Ziegenmilch eingelegte Hauswurz, schreibt Hildegard von Bingen (1098–1179), helfe zeugungsschwachen Männern, anders genossen, mache sie Männlein und Weiblein liebestoll, was die Äbtissin – verständlicherweise – nicht gut fand.

Gegen Hühneraugen wurden und werden mancherorts die aufgeschnittenen Blätter mit der Innenseite wie ein Pflaster aufgelegt. Nach ein paar Stunden soll man den erweichten Quälgeist entfernen können, wenn man den Fuß in heißem Wasser badet.

MAGISCHES Außer als Blitzableiter verfügte das Donnerkraut nach weit verbreiteter Ansicht über eine Vielzahl magischer Kräfte. Nur einige Beispiele seien genannt: Auf dem Dach des Viehstalls schütze es die Tiere vor Hexen und Seuchen, es bringe aber ungeahntes Unglück über ein Haus, wenn jemand das Donnerkraut vom Dach entferne.

→ Dahlie

DAHLIA CULTORUM

Georgine

Warum so spät erst, Georgine?
Das Rosenmärchen ist erzählt,
Und honigsatt hat sich die Biene
Das Bett zum Schlummer schon gewählt...

HERMANN VON GILM (1812–1864), DIE GEORGINE

Immer wieder wurden Pflanzen aus anderen Ländern und Kontinenten im Lauf der Jahrhunderte eingeführt und bei uns heimisch. So kamen Ende des 18. Jahrhunderts aus Mexiko erstmals Dahliensamen nach Spanien. Von dort gelangte die im Herbst ihre ganze Pracht entfaltende Blume schnell in weitere europäische Länder und in unsere Bauerngärten.

BOTANISCHES Die vielgestaltigen Dahlien, von den kleinen Pflanzen für Balkonkästen und Schalen über die zahlreichen größeren Sorten als Schnittblumen bis hin zu den dekorativen Einzelpflanzen mit ihren so unterschiedlich farbigen und verschieden geformten Blüten – von der Pomponkugel bis zu den eingerollten Blättern der Kaktusdahlie oder dem großen Blütenrad der Schmuckdahlie – sind unübersehbar in den ländlichen Sommer- und Herbstgärten. Eine Vorstellung von der fast unendlichen Sortenvielfalt bietet die Dahlienschau auf der Insel Mainau.

Die Georgine gehört zur großen Familie der Korbblütler. Vom Sommer bis in den Spätherbst blüht sie in vielen Variationen mit gefüllten, halb gefüllten und einfachen Blüten.

Als Knollengewächs pflanzt man sie im Mai direkt ins Freiland. Meist lässt sich die Knolle, die gewöhnlich aus mehreren rübenartigen Wurzeln besteht, teilen. Die Pflanze liebt einen tiefgründigen, nicht zu nassen Boden. Am besten gibt man ihr, die je nach Sorte 1–1,5 Meter hoch wird, gleich einen Stock als Stütze, da die hohen Stängel mit den großen gelappten

SEITE 60 Hauchzarte Eibischblüten locken mit ihrem Duft die Bienen.

SEITE 61 In vielen Variationen zeigt sich die anspruchslose Dachwurz.

OBEN Georgine, S. Edwards, The Botanical Magazine (1804)

RECHTE SEITE Dahlien in ihrer Vielfalt fehlen in keinem Bauerngarten.

Blättern mit breiten Fiedern sonst dem Wind nicht standhalten.

In jedem Herbst hofft der Dahlienliebhaber, dass der erste Frost möglichst lange auf sich warten lässt, denn dann ist es mit der Schönheit der nicht winterharten Pflanze vorbei. Man muss sie mit einem Stängelrest ausgraben, der die Triebknospe vor dem Eintrocknen schützt, andere Pflanzenreste und Erde entfernen und die Knolle an einem dunklen kühlen Ort bis zum Frühjahr lagern.

In letzter Zeit sind Dahlien mit ihren kräftigen Rot-, Gelb- und Weißschattierungen etwas aus der Mode gekommen, weil zarte Pastelltöne als Blumenschmuck bevorzugt werden. Dennoch leuchtet die problemlose, dankbare Blume, die auch in der Vase oder im Gesteck Freude macht, weiter unverdrossen in den bäuerlichen Gärten, meistens am schützenden Zaun.

→ Christrose, Schwarze Nieswurz

HELLEBORUS NIGER

Schneerose, Weihnachtsrose, Weihnachtsblume, Christblume, Schelmerwurzel, Sauwurzel

Schön bist du, Kind des Mondes, nicht der Sonne;
Dir wäre tödlich anderer Blumen Wonne,
Dich nährt, den keuschen Leib voller Reife und Duft,
Himmlischer Kälte balsamsüße Luft.

EDUARD MÖRIKE (1804–1875), AUF DIE CHRISTROSE

OBEN
Christrose, Fuchs, Kreüterbuch (1543)

LINKE SEITE
Christrose, Blume mit magischen Zügen, die im Winter blüht.

Ihre volkstümlichen Namen verweisen fast alle auf die Besonderheit dieser Pflanze in den bäuerlichen Gärten: Sie blüht als einzige bei uns im tiefsten Winter, manchmal schon an Weihnachten, was in manchen Gegenden als Verheißung eines guten neuen Jahres galt.

BOTANISCHES Die langjährige, etwa dreißig Zentimeter hohe Pflanze liebt einen kalkhaltigen Boden und einen schattigen, nicht zu trockenen Platz. Man sollte aber, wenn man sie als Zierpflanze setzt – nur als solche steht sie heute noch in den Gärten –, bedenken, dass sie sehr giftig ist. Die Christblume mit ihren ledrigen, immergrünen Blättern hat einen schwarzbraunen Wurzelstock, der sie von den anderen Gewächsen dieses Namens unterscheidet und ihr den Namen Schwarze Nieswurz eintrug. Wild kommt sie in den südlichen und östlichen Alpen vor. Mitten im Winter, gewöhnlich ab Januar, entfaltet sie an blattlosen Stängeln ihre porzellanartigen weißen Blütenblätter, die gelbe Staubgefäße einfassen.

HEILWIRKUNG Die pulverisierte Wurzel wurde als Niespulver verwendet oder war Bestandteil davon. Das ist heute wegen der Giftigkeit der Pflanze nicht mehr erlaubt. Paracelsus versprach, bei diesem heftigen Niesen werde alles aus dem Leib entfernt, was schädlich sei.

MAGISCHES Da die Christrose im Winter blüht, verbanden sich fast zwangsläufig magische Vorstellungen mit ihr. Mancherorts glaubte man, alt zu werden, wenn man ein Wurzelstückchen ständig bei sich trug. Der bekannte Arzt Paracelsus (1493–1541) vertrieb ein aus den Blättern gewonnenes Elixier, dass die über 50-Jährigen zu hohem Alter führen sollte. Der eifrige Zuspruch war für den Arzt ein hübscher Erfolg, ob auch für die Alten wird nicht berichtet. Für die Jüngeren gewann er ein Lebenselixier aus der Weißen Nieswurz (heute *Veratrum album*, Weißer Germer genannt, nicht verwandt mit der Schwarzen Nieswurz).

Bei Viehseuchen (Schelm = Seuche, Pest), vor allem bei Milzbrand, durchbohrte man das Ohr des kranken Schweins und steckte ein Wurzelstück hinein. Daher auch der Name Schelmer- oder Sauwurzel.

Gewürze und Küchenkräuter

→ Bohnenkraut

SATUREJA MONTANA / SATUREJA HORTENSIS

Bauernpfeffer-, Suppen-, Wurst- und Käsekraut, Josefle, Kölle, Gartenysop

Bohnenkraut und Quendel … sind Wurtz (Würze) zu aller speiß / bei fleisch und fischen … / bringen lust zu essen / dienen dem Magen / reitzen zu ehelichen wercken.

HIERONYMUS BOCK, KREUTTERBUCH (1546)

Dieses so hoch gelobte Kraut stammt aus dem östlichen Mittelmeerraum. Wir finden es aber bereits im St. Galler Klostergarten; von dort und den anderen Klostergärten war es nur ein kurzer Weg in die Bauerngärten.

BOTANISCHES Man unterscheidet zwei Sorten: neben dem einjährigen oder Sommerbohnenkraut mit seinen rundlichen Blättchen gibt es das verwandte mehrjährige, feinwürzige, ovalblättrige Berg- oder Winterbohnenkraut, das im Mittelmeerraum wild wächst und ebenfalls als Küchenkraut verwendet wird. Seit dem 17. Jahrhundert wurde es auch als niedrige, ungezieferabweisende Hecke um Gemüse- und Kräuterbeete gepflanzt, weil es robust ist und sich leicht beschneiden lässt. Heute findet man es manchmal in Steingärten als Zierpflanze.

Bohnenkraut wächst zu einem ca. zwanzig Zentimeter hohen Miniaturstrauch mit reich verzweigten, unten verholzten Ästchen heran. Beide Sorten haben kleine, weiß-bläuliche Blüten und gehören zur Familie der Lippenblütler. Auf den ledrigen Blattflächen befinden sich Drüsen, die ein stark duftendes ätherisches Öl produzieren, das zusammen mit Bitterstoffen für Geschmack und Heilkraft verantwortlich ist. Da der Strauch in Wuchs und Blättern dem Ysop ähnelt, heißt er im Volksmund auch Gartenysop.

Am besten gedeiht das „Josefle“ als „Südländer“ an einer sonnigen Stelle; nur dann entfaltet es sein volles Aroma. Wenn dann noch Bohnen daneben wachsen, schützt es diese uneigennützig vor Ungeziefer. Beim Säen sollte man jedoch beachten, dass man den Lichtkeimer nur leicht mit Erde bedecken darf.

KULINARISCHES Wie uns die Kräuterfachleute des 16. und 17. Jahrhunderts versichern, war das Bohnenkraut für die einfachen Menschen ein täglich genutztes Würzmittel. Es passt, wie sein Name sagt, zu allen Bohnengerichten, aber auch zu Kartoffelsuppe und anderen Eintöpfen. Zucchini, mit diesem Bohnen- oder Pfefferkraut gewürzt, schmecken besonders pikant.

REZEPT Zu empfehlen ist ein *eingelegter Kräuterkäse*: 250 g Ziegen- oder Schafskäse in Würfeln in ein Glas schichten, mit Olivenöl, in das fein gehacktes Bohnenkraut, Rosmarin, Thymian, Pfefferkörner und 1–2 zerkleinerte Knoblauchzehen eingerührt sind, übergießen und einige Tage im Kühlschrank ziehen lassen.

HEILWIRKUNG Dass es dem Magen zuträglich sei und Schwung in das Eheleben bringe, ist keineswegs alles, was man dem Kraut zutraute. Man verwendete es als vielseitige Heilpflanze z.B. bei Lungen- und Blasenproblemen. Auch heute noch werden Teeaufgüsse bei akuten Verdauungsstörungen mit Blähungen und krampfartigen Beschwerden empfohlen.

Sollte eine Biene oder Wespe Sie im Garten stechen, nutzen Sie die adstringierende und antiseptische Wirkung und reiben die betroffene Stelle mit den Blättern kräftig ein. Das vermindert Schmerz und Schwellung.

SEITE 66
Als ordnendes Element weist die Buchshecke den Pflanzen ihren Platz.

SEITE 67
Die Bäuerin wacht streng über diese Ordnung.

OBEN
Bohnenkraut, Fuchs, Kreüterbuch (1543)

RECHTE SEITE
Einjähriges und mehrjähriges Bohnenkraut – althergebrachtes Gewürz- und Heilmittel

Bekömmlicher, wohlschmeckender Magen- und Darmtee 2 TL frische oder getrocknete Blättchen mit ¼ l kochendem Wasser übergießen, 10 Minuten ziehen lassen, nach dem Absieben warm trinken.

Rezept für Bohnenkrautöl Frisches Bohnenkraut in einem verschließbaren Glas mit Olivenöl übergießen. Nach etwa zwei Wochen ist das aromatische Öl als Würzmittel für Gemüsesuppen, Bohnensalat und Grillgut verwendbar.

→ Dill

ANETHUM GRAVEOLENS

Gurkenkraut, -kümmel, Murkenkraut, Kappernkraut, Hexenkraut, Dillfenchel; ahd. Tilli, mhd: Tille.

Ich hab' Senf und Dill / Mein Mann muss tun wie ich will!

NORDDEUTSCHER SPRUCH

Das klingt – wenigstens für Männerohren – ein wenig barsch und unfein. Vermutlich sagte die bäuerliche Braut in Norddeutschland den Spruch während der Hochzeitszeremonie lautlos auf, um den Angetrauten nicht gleich zu erschrecken. Eine lang andauernde Wirkung trat aber nur ein, wenn die künftige Hausherrin die Kräuter im Täschchen oder in den Brautschuhen bei sich trug. Vielleicht führte das Aroma dieser Kräuter bei der künftigen Bäuerin zu solcher Ruhe und souveräner Sicherheit, dass aller Widerspruchsgeist Reißaus nehmen musste.

BOTANISCHES Als Kind des Südens liebt die einjährige Pflanze mit dem hohen Stängel und den filigranen blaugrünen Blättchen einen sonnigen Platz, ihre Füße aber mögen feuchtes Erdreich. Den ganzen Sommer über kann man die frischen, leicht scharfen und doch süßlichen Blättchen in der Küche vielseitig verwenden, ebenso wie die winzigen Blütchen an gelben Dolden und später die ovalen aromatischen Samen, die reich an ätherischem Öl, Kalzium, Phosphor und anderen Mineralsalzen sind und deshalb vor allem bei salzfreier Diät Verwendung finden.

Dem Gemüse und dem Dill bekommt es gleichermaßen gut, wenn man ihre Reihen im Garten mischt, besonders gut harmonieren Dill und Möhren, denn sie schützen sich gegenseitig.

HEILWIRKUNG Dem Dill sagt man eine beruhigende, stressabbauende, auch entzündungshemmende Wirkung nach. Ein Sträußchen unterm Kopfkissen erleichtere die Geburt, halte Babys friedlich oder verhindere zumindest, dass sie die ganze Stärke ihrer Stimme zur Unzeit entfalten. Der Tübinger Professor Leonhart Fuchs (1501–1566) ist von einer beruhigenden Wirkung auf gestresste Mütter überzeugt, denn er schreibt: *Dyll samen … in Wasser gesotten / bringen den frawen die versigene milch wider …* Auch heute wird der Samen noch dazu benutzt.

Nach Hildegard von Bingen (1098–1179) hingegen kann man Dill verwenden wie man will, denn er nützt nicht, sondern macht nur traurig. Bei Gichtgeplagten scheint die Gefahr, dass sie noch trauriger werden, offenbar gering, denn ihnen empfiehlt sie gekochten Dill zur Linderung ihrer Schmerzen.

MAGISCHES Für den Volksmund hat Dill magische Kräfte. Allein der Duft genügt, Hexen von Mensch und Tier abzuwehren und Schutz vor Blitzeinschlag zu haben: *Hartheu (Johanniskraut) und Dill machen's Gewitter still*, sagte man in manchen Gegenden Mitteldeutschlands und warf ein Bündelchen dieser Kräuter ins Herdfeuer.

KULINARISCHES Frische Dillblättchen wie auch unreife Früchte passen gut zu Fischgerichten, Salaten, Käsen sowie zum Einlegen von Gurken. Das charakteristische Dillaroma verträgt sich aber nicht mit anderen Gewürzen, auch ein Mitkochen nimmt es übel. Da das Kraut beim Trocknen sein Aroma verliert, empfiehlt es sich, die Blättchen in Eiswürfeln einzufrieren.

OBEN
Dill, Fuchs, Kreüterbuch (1543)

RECHTE SEITE
Eine solche Fülle an Dill reicht für vielerlei Gerichte.

Teeaufguss aus den Früchten bei Verdauungsbeschwerden und Blähungen, auch bei Säuglingen 1 TL frisch gequetschte Dillfrüchte mit einer Tasse kochendem Wasser übergießen, 5 Minuten ziehen lassen, abseihen.

Dillessig zum Würzen von Blatt- und Kartoffelsalat ½ l Weinessig in eine Flasche auf 2 EL Dillsamen gießen, ca. drei Wochen im Dunkeln stehen lassen, anschließend absieben.

→ Gartenthymian *oder* Echter Thymian, Römischer Quendel

THYMUS VULGARIS

Frauen-, Mutterkraut

Ik tret, ik tret up Thymian,
Kieck du mir keine andre an!

BRANDENBURGISCHER SPRUCH

Während sie diesen beschwörenden Spruch heimlich aufsagte, trat die brandenburgische Tänzerin oder Braut nicht auf einen Strauch, auf einen kriechenden Zweig oder auf die Blättchen und Blütchen eines nur wenige Zentimeter hohen Mitglieds dieser artenreichen, verzweigten, zahmen oder wilden Sippe, sondern sie trug die Blättchen und Blüten im Tanz- oder Hochzeitsschuh.

Gleich, welches Kräutchen sie bei sich trug, alle Mitglieder dieser Sippe, ob groß oder klein, ob wild oder zahm, verwöhnen und bezaubern mit ihrem variierenden aromatischen Duft.

Lammbraten mit Kräutercreme Mit Olivenöl eingeriebenen Lammbraten bei 180 °C im vorgeheizten Backofen braten (etwa 25 Minuten pro ½ kg Fleisch). Eine Kräutercreme aus folgenden pürierten Kräutern herstellen: je 1 EL Thymian, Rosmarin, Petersilie und je ½ EL Bohnenkraut, Salbei, Ysop, 1 klein gehackte Knoblauchzehe, 1 Eigelb, 50 g zerkrümelten Schafskäse, 2 EL Olivenöl, Salz und Pfeffer bereiten und über die heiße Fleischkruste verteilen, mit Bratensaft übergießen. Bei 180 °C weitere 25 Minuten goldbraun backen lassen.

OBEN
Thymian, Fuchs, Kreüterbuch (1543)

LINKE SEITE
Thymian, filigran und zart, jedoch von kräftiger Würz- und Heilkraft

Sicher wusste die Brandenburgerin nicht, dass sich der Name vom griechischen Wort „thymon", Mut, ableitet. Und Mut braucht der Mensch bei einer so weit reichenden Entscheidung wie der Ehe. Ihren Mut durch ein nach Thymian duftendes Bad zu stärken, hofften schon die römischen Legionäre; die Griechen sahen es ziviler: Von einem stilvoll eleganten Menschen sagten sie, er dufte nach Thymian. Die Damen des hohen Mittelalters stickten Thymianblättchen auf das Liebespfand, das sie ihrem Ritter schenkten; vielleicht wünschten sie ihm beides: Mut und Stil.

BOTANISCHES Den aus dem Mittelmeerraum stammenden Gartenthymian nannte Leonhart Fuchs (1501–1566) *Welsch- oder Römisch-Quendel*; er sei noch nicht lange in deutschen Gärten, schreibt er. Heute findet man die immergrüne, ausdauernde Pflanze in Gärten kultiviert, aber auch verwildert auf trockenen, unbebauten Böden. Der zwanzig bis vierzig Zentimeter hohe, dicht verzweigte Halbstrauch gehört zur Familie der Lippenblütler und mag im Garten einen nährstoffreichen kalkhaltigen Boden an einem sonnigen, windgeschützten Platz. Seine kleinen, schmalen Blättchen sind dunkelgrün, die hell- bis dunkelpurpurroten Blütchen im Mai und Juni ein Treffpunkt der Bienen. Die winzigen Samen reifen in Kapseln. Da sich die Staude leicht beschneiden lässt, sieht man sie in Bauerngärten auch als duftende, Ungeziefer vertreibende Beeteinfassung.

HEILWIRKUNG Weil Thymian viel ätherisches Öl enthält – zu den Hauptbestandteilen gehört Thymol, das man seit dem 18. Jahrhundert isolieren kann und als Antiseptikum verwendet –, ferner Gerbstoffe und Flavonoide, ist er auch heute noch in vielen Teemischungen und Medikamenten gegen Keuchhusten, Bronchialkatarrh, Magen- und Verdauungsbeschwerden enthalten sowie in Salben gegen Hautunreinheiten. Bei Erkältung und Grippe hilft ein Thymiantee aus frischen oder getrockneten Blättchen, die man in der üblichen Weise mit kochendem Wasser übergießt und ziehen lässt. Thymian ist auch Bestandteil von Likören und Kosmetika.

WOHLTUENDES BAD Ein Mullsäckchen mit Ästchen des Zitronenthymians, einer Unterart mit kräftig nach Zitrone duftenden Blättern, ins Badewasser gelegt, erfrischt und stärkt den Lebensmut. Es muss ja nicht gleich in Kampfwut wie bei den Legionären ausarten!

WEITERE THYMIANARTEN Die einzelnen Mitglieder der Thymianfamilie sind in Aussehen und Geschmack recht verschieden: Ihre Blättchen sind hellgrün bis grün-weiß gescheckt, sie kriechen oder recken sich auf und haben ein zartes oder auch intensives Zitronen-, Kümmel- oder Orangenaroma.

QUENDEL Neben den aus dem Süden stammenden Arten wächst bei uns der einheimische Feldthymian, auch Quendel, Deutscher Thymian, Sandthymian oder Feldkümmel (*Th. serphyllum*) genannt, mit ähnlich vielen Varianten.

Dieser fünf bis fünfundzwanzig Zentimeter hohe, kriechende bis aufsteigende Halbstrauch hat ähnliche Blättchen und Blüten wie die „Südländer". Der Quendel kann dichte Polster in Wiesen bilden, wächst aber auch auf steinigen Böden und an Wegrändern. Seine Inhaltsstoffe und Heilwirkung sind zwar ähnlich wie beim Thymian, das Aroma ist aber weniger intensiv. Sicher ist der Quendel die ursprünglich in den Bauerngärten wachsende Gewürzpflanze, er hatte aber nie dieselbe Bedeutung wie der mediterrane Thymian, auch wenn er stets als Heilpflanze verwendet wurde. Heute findet man den Quendel fast nur noch als Zierpflanze in Steingärten.

MAGISCHES Magische Fähigkeit verband sich bei uns vor allem mit dem Quendel. Außer der Macht, einen Liebespartner zu gewinnen, sagte man dem Kraut, vor allem, wenn es im Fronleichnamskräuterstrauß geweiht war, die Fähigkeit nach, die Geburt zu erleichtern – daher die Namen Frauen- und Mutterkraut. Außerdem sollte er Blitze abwehren, Hexen und sogar Teufel vertreiben können.

KULINARISCHES Frischer, sehr würziger Thymian gibt, sparsam verwendet, Wild-, Geflügel- und Fischgerichten eine aparte Note. Öl mit eingelegten Thymianzweigen kann vielseitig verwendet werden, z.B. zum Einreiben von Grillfleisch.

→ Echter Fenchel

FOENICULUM VULGARE

Fenichel, Fenöche, Finkel, Britsamen, Brotsamen, Brotanis, Kinderfenkel, Frauenfenchel, Fenkool

Ferner vertreibt die Wurzel des Fenchel, vermischt mit dem Weine [...] den keuchenden Husten.

WALAHFRID STRABO, HORTULUS (UM 825)

Auch wenn sie am Ende ihres Wettkampfs keuchten, hatten die Athleten der Olympischen Spiele im alten Griechenland den Fenchel vor dem Kampf nicht gegen Husten gegessen, sondern in der Hoffnung, er verleihe ihnen Kraft, Ausdauer und Mut.

BOTANISCHES Der sogenannte Echte Fenchel gehört zur Familie der Doldengewächse. Ein dicker, verholzter Wurzelstock gibt der bis zwei Meter hohen Pflanze Halt. Die haarfein geteilten und sich zart blaugrün färbenden Fiederblätter führen dazu, dass man ihn mit Dill verwechseln kann, aber der Geschmack korrigiert den Irrtum. Von Juli bis Oktober bilden sich große Dolden mit winzigen goldgelben Blüten, die zahlreiche Bienen anlocken und aus denen die zweisamigen Früchte entstehen. Obwohl der Fenchel ein ausdauerndes Kraut ist, wächst er in rauem Klima oft nur zweijährig. Er braucht einen nährstoffreichen, stets ein wenig feuchten Kalkboden. Man tut gut daran, ihn im Herbst handhoch abzuschneiden und mit Reisig oder Stroh abzudecken.

HEILWIRKUNG Der Fenchelsamen wird auch heute noch genutzt, um den Appetit anzuregen und die Verdauung zu fördern. Mit Honig gesüßter Tee aus den zerkleinerten Früchten lindert Husten und Heiserkeit (1 TL pro Tasse), ungesüßt befreit er Säuglinge von schmerzenden Blähungen.

KULINARISCHES Eine Unterart ist der Garten-Fenchel, vor allem in Form des Gemüse-Fenchels (*F. var. azoricum*), auch Knollen- oder Zwiebelfenchel genannt, dessen zwiebelartig verdickte Blattscheiden als Gemüse oder Salat gegessen werden. Dieses in südlichen Ländern beliebte Gemüse hat inzwischen zu Recht auch bei uns Freunde gefunden. Der Echte Fenchel ist dagegen eine „von Kopf bis Fuß" nutzbare Pflanze. Hildegard von Bingen (1098–1179) schwärmte geradezu von ihm. Man könne ihn roh oder gekocht essen, in jeder Zubereitung heitere er den Menschen auf und fördere die Verdauung. Das ist auch Jahrhunderte später noch so: Für Tabernaemontanus (1522–1590) ist er etwas für Feinschmecker. Die jungen, zarten, leicht gesalzenen Dolden esse man zu Kochfleisch und Gebratenem oder als Salat zusammen mit den Blättchen und anderen Kräutern, auch kandiert seien sie eine Leckerei. Mit den frischen Blättern verfeinert man heute Fischgerichte und Salate aus Tomaten und Gurken sowie Kopf- und Blattsalat.

→ Knoblauch

ALLIUM SATIVUM

Knofel, Gruserich, Knuflock, Alterswurzel, Stinkewurzel

Die Luft wird dir bißweiln entgehn
Wenn du wirst bei den Mägdlein stehn
Und bist bei ihn' kein werther Gast,
Wenn du viel Knoblauch fressen hast
Drum solcher Speiß eß nicht zu viel
Wer sein Gsundtheit behalten will.

CONRAD ROSBACH, PARADIESGÄRTLEIN (1588)

In den Mittelmeerländern, wo der Knoblauch zur täglichen Mahlzeit gehörte und gehört, ist die in den letzten Versen ausgesprochene Warnung bzw. das Verbot nicht denkbar.

BOTANISCHES Aus der in den Boden gesetzten Knoblauchzwiebel treiben grasartige, fünfzehn bis dreißig Zentimeter lange Blätter und ein etwa gleichlanger Blütenschaft mit blassrosa bis weißlicher Blütenkugel, in der kleine schwarze Samen reifen. Um die Hauptzwiebel bilden sich im Laufe des Sommers zahlreiche weiße, kantige Nebenzwiebeln, auch Zehen genannt.
Im Garten selbst bewährt sich die Pflanze als Schutzschild. Sie wehrt nämlich Schnecken ab. Deshalb sieht man immer wieder die unscheinbaren Knoblauchpflanzen in den Blumen- und Gemüsebeeten der Bauerngärten. Auch Wühlmäuse und Mäuse schätzen den Geruch überhaupt nicht.

HEILWIRKUNG Schon die Sklaven beim ägyptischen Pyramidenbau wurden mit beachtlichen Mengen von Knoblauch und Zwiebeln wegen der antibakteriellen

Fenchel-Birnen-Salat
1 Fenchelknolle in feine Streifen schneiden, 3 Birnen schälen, vierteln und ebenfalls in dünne Scheiben schneiden; mit 100 g gehackter Kresse, 150 g gewürfeltem, würzigem Schafs- oder Ziegenkäse mischen, in einer Schüssel anrichten.
Aus 150 g Saurer Sahne, 2 EL Zitronensaft, Salz und Pfeffer eine Soße rühren und darüber träufeln. Mit gerösteten Mandelblättchen bestreuen. Als Vorspeise oder zu Gegrilltem mit Baguette servieren.

GANZ OBEN
Fenchel

OBEN
Fenchel, Fuchs, Kreüterbuch (1543)

RECHTE SEITE
Üppig reift der Fenchelsamen an der Dolde.

OBEN
Knoblauch, Fuchs, Kreüterbuch (1543)

LINKE SEITE
Wie Spukgestalten drehen sich die Blütenknospen des Knoblauchs.

Rezept für Knoblauch-Basilikum-Essig 2 zerstoßene Knoblauchzehen, 10 EL gehacktes Basilikum, ½ l weißer Weinessig. Etwa die Hälfte des Essigs erhitzen und auf Knoblauch und Basilikum gießen, kräftig rühren; den abgekühlten Aufguss mit dem übrigen Essig vermischen und ca. zwei Wochen stehen lassen, öfter schütteln, anschließend absieben.

Rezept für Bärlauch-Pesto 200 g junge Bärlauchblätter, 100 g gemahlene Walnüsse, 100 g zerstoßene Pinienkerne, 4 EL geriebener Parmesan, 200 ml Olivenöl, Meersalz und gemahlener schwarzer Pfeffer.
Bärlauch im Mixer zerkleinern, Zutaten untermischen, in Gläser füllen und im Kühlschrank aufbewahren.

Wirkung vor Seuchen bewahrt. Ebenso kannten und schätzten die römischen Legionäre diese Schutzwirkung. Bei uns hieß es in Pestzeiten: *Eßt Knoblauch un Bibernell, (so) sterbt's nitt so schnell!*
Außer bei Magenbeschwerden und Darmkrankheiten empfiehlt die Volksmedizin den regelmäßigen Genuss von Knoblauch zur Senkung der Blutfette, bei Bluthochdruck und zur Vorbeugung von Arteriosklerose.

MAGISCHES Dem Knoblauch sagte man einen wirksamen Schutz von Haus und Hof und der dort lebenden Menschen gegen Schadenzauber und Missgunst nach. In eine Garbe der ersten Fuhre der neuen Getreideernte steckte der Bauer deshalb ein paar Knoblauchzehen; dem Kind legte man sie in die Wiege. Lobte jemand ein Kind oder sonst eine Person wegen ihrer Schönheit, rief man gleich zweimal „Knoblauch, Knoblauch!". Schon das bloße Wort reiche, glaubte man, um Hexen und böse Geister zu verscheuchen.

KULINARISCHES Der Einsatz dieses hervorragenden Würzmittels bei Fleisch- und Fischgerichten sowie Gemüse ist durch den nachhaltigen Geruch seiner Konsumenten immer problematisch.

BÄRLAUCH Unsere Vorfahren kannten den dem Knoblauch verwandten Bärlauch, der in verschiedenen Waldgebieten Deutschlands im Frühjahr seinen starken Knoblauchduft verbreitet. In den letzten Jahren ist das Kraut wieder „salonfähig" geworden. In Suppen, Salaten, an Fleisch und Fisch oder als Pesto bei Käse und Brot erfreut Bärlauch manchen Gaumen. Aber es gelten auch dieselben Einschränkungen und Bedenken wie beim Knoblauch.

→ Echter Kümmel

CARUM CARVI

Feldkümmel, Wiesenkümmel, Weißkümmel, Brotkümmel, Mattenkümmel, Garbe

Kümmel, Dill und Rosmarin
Lässt die Geister weiterzieh'n.
ALTER VOLKSSPRUCH

Wenn der Kümmel viele Früchte trägt,
gibt es eine gute Getreideernte.
ALTES WETTERORAKEL

Echter Kümmel, der sich heute noch in Österreich und Süddeutschland besonderer Wertschätzung erfreut, gehört zu den ältesten in Europa heimischen Gewürzen. Bis nach Norwegen gedeiht er als Wildpflanze auf feuchten Wiesen. Man fand Kümmel schon in Speiseresten jungsteinzeitlicher Pfahlsiedlungen.

BOTANISCHES Der zweijährige Echte Kümmel darf beim Säen als Lichtkeimer nur dünn mit Erde bedeckt werden und mag wie sein wilder Bruder feuchte „Füße" an einem sonnigen Platz. Außerdem sollte man beachten, dass Kümmel und Fenchel „sich nicht riechen können" und einen gewissen Abstand voneinander schätzen.
An seinen kantigen, verästelten Stängeln wachsen gegenständig mehrfach gefiederte Blättchen. Am Ende der Stängel erscheinen im Hochsommer des zweiten Jahres kleine weiße Blüten an Doppeldolden und später die bräunlichen, sichelförmig gebogenen Früchte.
Die gesamte Pflanze strömt den aromatisch-würzigen Kümmelduft aus, aber nur die zerstoßenen Samen setzen die Öle und damit das ganze Aroma frei.

HEILWIRKUNG UND WÜRZMITTEL Die Körner enthalten viel ätherisches Öl mit Carvon als Hauptbestandteil und Geruchsträger, daneben Harz, Mineralstoffe und Kieselsäure. Die Menschen spürten sehr früh, dass der Kümmel Speisen nicht nur angenehmer im Geschmack machte, sondern magenstärkend wirkte und Blähungen vertrieb.
Kümmelsamen wirkt als Tee krampflösend im gesamten Verdauungsbereich, besonders bei Säuglingen und

Kleinkindern. Nimmt man die gleiche Menge Fenchel dazu, mögen Kinder den Tee lieber.

Wenn wir noch den Kümmel in Kräuterschnäpsen hinzufügen, nennt Hieronymus Bock (1498–1554) die ganze Einsatzbreite des Gewürzes, wenn er schreibt, dieser Kümmel sei *allenthalben breuchlich, ja auch nützlicher* in seiner Art als jedes Gewürz *auß Arabia*. Kümmel werde in Brot gebacken, in Suppen und zur Käsebereitung verwendet und diene als Gewürz bei Fisch und Fleisch.

Wer sich nicht sicher auskennt, sollte keinen wild wachsenden Kümmel sammeln, da die Gefahr groß ist, ihn mit anderen, giftigen Doldengewächsen zu verwechseln.

KREUZKÜMMEL Erwähnt sei noch eine weitere Kümmelart, die jedoch nicht mit unserem Kümmel verwandt ist: Der von den Griechen und Römern hoch geschätzte Kreuzkümmel (*Cuminum cyminum*), ein einjähriges Doldengewächs mit fadendünnen Blättchen und aromatischen rosa bis weißen Blüten. Er war im Mittelalter auch bei uns als Gewürz und Heilmittel in Gebrauch.

In der mediterranen Küche werden auch heute noch Eintöpfe, Bohnen- und Kohlgerichte mit diesem Gewürz verfeinert, er dient auch als Heilmittel besonders bei Magen- und Darmbeschwerden.

JUNGFER ODER GRETCHEN IM GRÜNEN Die bei uns bekannte Zierpflanze Jungfer oder Gretchen im Grünen (*N. damascena*), auch Gretel in der Heck genannt, ist mit dem Echten Schwarzkümmel (*Nigella sativa*) verwandt, der sich schon in der Landgüterverordnung Karls des Großen findet und bis ins 19. Jahrhundert als Gewürzpflanze angebaut wurde. Heute wird er in den Gärten kaum noch kultiviert und ist auch in freier Natur nur noch selten zu finden. Die Inhaltsstoffe des Samens beider Pflanzen sind jedoch unterschiedlich. Die einjährige, dreißig bis vierzig Zentimeter hohe Jungfer im Grünen hat aufrechte, verzweigte Stängel, fein zerteilte Blätter und einzeln stehende blaue oder weiße Blüten in einem Hüllkelch, der ebenfalls aus fein zerteilten, grünen Hochblättern besteht und mit der Blüte einen lebhaften Kontrast bildet.

Man findet sie in Bauerngärten häufig, da sie, einmal ausgesät, immer wiederkommt.

→ Liebstöckel

LEVISTICUM OFFICINALE

Luststock, Lebensstock, Badkraut, Liebeskraut, Gebärmutterwurzel, Gichtstock, Maggikraut

Liebstöckel ist ein treffentlich kraut
und würt demnach billich (zu Recht) in allen gärten
gezielet (gezogen).

LEONHART FUCHS, NEW KREUTERBUCH (1543)

Der Liebstöckel soll aus den Bergen Liguriens stammen. Daher nannte Plinius († 79 nach Christus) ihn „Ligusticum". Im „Capitulare de villis" Karls des Großen hatte er bereits seinen heutigen Fachnamen „Levisticum", und Hildegard von Bingen (1098–1179) nannte ihn schon „Lubesstuckel". Von da war es nicht mehr weit bis zum heutigen Namen.

BOTANISCHES Dieser mächtige Doldenblütler wird bis zu zwei Meter hoch. *Die Blätter sind dem Eppichkraut ähnlich / allein ... größer, liechtgrüner und tiffer zerschnitten ... / Der Stengel ist rund / dick / groß und innwendig hol / ... Er hatt viel Nebenzincken / die bringen mit dem Haubtstengel oben schöne Dolden oder Cronen / die blühen gegen den Heumonat geel / ... Dises Kraut ist von wegen seiner großen Tugend manniglich bekannt ...*, schrieb der Botaniker Tabernaemontanus 1588.

Man sollte die dekorative, würzige Staude an den Gartenrand setzen, damit sie kleinere Gewächse nicht erstickt, denn ein Stock dieses ausdauernden Krautes reicht als Würzmittel für eine ganze Familie. Sparsam in Speisen mitgekocht, entfaltet es sein volles Aroma. Im Sommer sollten die frischen Blätter, im Winter die Samen verwendet werden.

HEILWIRKUNG Als Heilpflanze genoss der Liebstöckel bei den Bauern seit jeher hohes Ansehen. Seine verschiedenen Namen deuten an, wofür oder wogegen man ihn benutzte. Der Pfälzer vertraute auch bei Heiserkeit und Halsweh auf ihn, indem er durch den hohlen Liebstöckelstängel heiße Milch mit Honig einsaugte. In Appenzell nannte man ihn aus diesem Grund „Schluckweh-Rohr". Heute werden seine Blätter wegen ihrer harntreibenden Wirkung als Teeaufguss empfohlen und ein Tee aus der Wurzel zur Anregung der Speichel-

Kümmelkartoffeln mit Quark Backblech mit Backpapier auslegen, mit Öl bepinseln, mit 1 TL grobem Salz und 1 EL Kümmelsamen bestreuen. 600 g gründlich gewaschene kleine Kartoffeln halbieren, mit der Schnittfläche auf dem Blech verteilen. Bei 180 °C ca. 20 Minuten im vorgeheizten Backofen garen. In der Zwischenzeit 100 g Magerquark, 200 g Saure Sahne mit 4 EL Schnittlauch, 2 EL Petersilie, 2 EL Kresse, 1 EL Dillblättchen, alle Kräuter fein gehackt, cremig rühren, evtl. 1–2 EL Milch dazugeben und mit Salz und Pfeffer abschmecken. Mit gemischtem Gartensalat servieren.

OBEN
Liebstöckel, Fuchs, Kreüterbuch (1543)

RECHTE SEITE
Wild durcheinander wächst der Kümmel am Zaun.

GANZ OBEN
Minze, Fuchs, Kreüterbuch (1543)

OBEN
Pfefferminze, Fuchs, Kreüterbuch (1543)

LINKE SEITE
Blätter, Stängel und Früchte des Liebstöckels – Heilmittel und Würze

und Magensaft-Sekretion. Auch als Kräuterlikör fördert Liebstöckel die Verdauung.
Tabernaemontanus empfiehlt frische zerdrückte Blätter gegen den *Arßwolff*, also als Mittel für geplagte Reiter.
KULINARISCHES Leider ist der Liebstöckel als Würzmittel weitgehend von „Maggi", einem Industrieprodukt, das keinen Teil der Pflanze enthält, verdrängt worden. Weil Liebstöckel ein sehr dominantes Würzmittel ist, sollte man es nur in kleinen Mengen einsetzen. Es passt besonders gut zu Eintöpfen.
MAGISCHES Liebstöckel nannte man die Pflanze, weil man glaubte, sie mache den, der sie bei sich trägt, bei allen Menschen beliebt. Wurzel oder Blüte gewinne dem Mädchen den erwünschten Partner und mache dem Mann auch die Sprödeste gefügig, war eine weit verbreitete Hoffnung. Außerdem sollte die Pflanze durch ihr kräftiges Aroma helfen, Hexen und böse Geister abzuwehren oder zu vertreiben.

→ Melisse

MELISSA OFFICINALIS

Zitronenmelisse, Frauen-, Mutter-, Herz-, Nerven-, Bienen-, Immen-, Herbstkraut, Honigblume, Englische Melisse

Melissengeist ist überaus gut, /das schwache Hertz zu stärken und zu erquicken /in sonderheit wann es des nachts bochet und beängstiget /wird ein thrunck davon gethan.

LEONHART FUCHS, NEW KREUTERBUCH (1543)

Früher und ausdauernder als die Menschen schwärmten und schwärmen die Bienen für diese Pflanze. Das war bereits den alten Griechen aufgefallen, die sie deshalb „Bienenpflanze" (*Melissophylon*) nannten. Unser heutiger Name ist das griechische Wort für Biene.
BOTANISCHES Die mehrjährige Pflanze mit ihren bis zu siebzig Zentimeter hohen, verästelten Stängeln liebt einen sonnigen Platz im Garten. Ihre Blätter, die auf der Oberseite behaart sind, liefern durch ihre Öldrüsen ein angenehmes Zitronenaroma. Kleine, weißliche Blüten wachsen an den Blattachsen in Scheinquirlen.
HEILWIRKUNG Die volkstümlichen Namen verraten, bei welchen Krankheiten die Menschen der Melisse heilende Wirkung zuschrieben. Aber auch Menschen *so* (wenn sie) *traurig vnd schwärmütig seind*, verhelfe ein Melissenwein zu einer unbeschwerteren Welt- und Lebenssicht. Das versichert uns jedenfalls der Tübinger Arzt Leonhart Fuchs (1501–1566).
Da die Melisse neben ätherischem Öl auch Harz, Schleim-, Gerb- und Bitterstoffe enthält, kann Tee aus frischen oder getrockneten Blättern bei Schlaflosigkeit helfen und verdauungsfördernd sowie krampflösend wirken.
Heute ist fast jedem »Klosterfrau Melissengeist« bekannt, eine Mixtur mit verschiedenen anderen Pflanzenauszügen, die seit 1775 unter diesem Namen gegen Kopf- und Zahnweh, rheumatische Schmerzen, nervöse Darm- und Magenbeschwerden, Einschlafprobleme und Wetterfühligkeit empfohlen wird.
DUFTKRAUT Leonhart Fuchs nennt eine umweltfreundliche Alternative zu Duftsprays, wenn er feststellt, dass die Melisse *so einen lieblichen geruch hat / das auch ein gantz gemach darinn es ligt / ein gute geschmack davonn überkompt.*
KULINARISCHES Die Melisse ist ein vielseitig verwendbares Küchenkraut. Durch ein paar Blättchen bekommen süße Kuchen, Süßspeisen, aber auch Rohkost, Salatsoßen, Fleisch- und Fischgerichte einen besonderen Pfiff. Sie ersetzt einen Spritzer Zitronensaft. Mit einzelnen saftig grünen Blättchen, die man gerne mitessen kann, lassen sich außerdem Eis, Eisgetränke und Fruchtsalate reizvoll dekorieren.

Teerezept zur allgemeinen Beruhigung und bei Schlaflosigkeit
2 TL frische oder getrocknete Blätter mit kochendem Wasser übergießen, 10 Minuten ziehen lassen, absieben und eventuell mit Honig süßen.

→ Minzen, Pfefferminze

MENTHA, M. X PIPERITA

Wenn aber ein Mensch alle Minzenarten und ihre
Wirkung aufzählen könnte,
dann müsste er ebenso wissen, wie viele Fische im Roten
Meer sich tummeln,
oder wie viele Funken der Eisen schmelzende Gott Vulkan
aus den mächtigen Essen des Ätna geg'n Himmel steigen
lässt. WALAHFRID STRABO, HORTULUS (UM 825)

Walahfrids Übertreibung macht deutlich, wie schwierig eine Darstellung und Beschränkung in dieser weit verzweigten „Sippe" ist, da die verschiedenen Arten miteinander Bastarde bilden können. Davon sind einige nur durch Wurzelteilung vermehrbar, so z.B. die

Pfefferminze. Die einzelnen Minzarten variieren in Aussehen, Größe, Blatt- und Blütenformen und in ihren Aromen. Seit der Antike wuchsen Minzarten wohl ununterbrochen in den Gärten und dienten als Duftspender, Würze und vielseitiges Heilmittel.

BOTANISCHES Alle Minzen sind ausdauernde aromatische Kräuter mit ätherischem Öl in wechselnder Zusammensetzung sowie Gerb- und Bitterstoffen. Gemeinsame Merkmale der verschiedenen Minzen sind ihre vierkantigen, meistens nach oben verzweigten, behaarten Stängel und in der Regel lanzettenförmige, häufig gesägte und behaarte Blätter. Sie gehören zur Familie der Lippenblütler und bilden schnell ein dichtes, weitläufiges Wurzelgeflecht. Da fast alle Minzen ätherisches Minzöl enthalten, können sie auch allergische Reaktionen hervorrufen.

Unsere *Pfefferminze* ist wohl ein relativ junger Bastard von Ähren- und Bachminze (*M. spicata* und *M. aquatica*). Der englische Botaniker John Ray hat sie 1696 erstmals beschrieben. Es ist jedoch anzunehmen, dass es nicht erst seit Ende des 17. Jahrhunderts Pfefferminze gibt, sondern dass bereits die Völker des Altertums eine stärker mentholhaltige Minze kannten und schätzten. Heute existieren viele Pfefferminzsorten. Ihre kleinen, rosa bis bläulichen Lippenblüten stehen in dichten Scheinquirlen oder Scheinähren zusammen.

HEILWIRKUNG Die Minze zählt zu den am häufigsten genutzten Arzneipflanzen und erfreut sich sowohl in der Volksheilkunde als auch in der Schulmedizin hoher Wertschätzung. Von allen Minzarten gilt die Pfefferminze wegen ihres hohen Mentholanteils als die medizinisch wertvollste. Sie wird in der Volksmedizin bei Leber- und Gallenkrankheit und krampfartigen Beschwerden im Magen-Darm-Trakt eingesetzt. Die Wirkung schreibt man vor allem dem ätherischen Öl mit seinem Hauptbestandteil Menthol zu. Auf der Haut bewirkt das Öl ein Kältegefühl, wodurch das Schmerzempfinden verringert wird. Es wirkt auch desinfizierend.

Wie wir von verschiedenen antiken Autoren erfahren, würzten die Römer Wein und Soßen mit Minze, streuten sie als Duftspender bei Festen aus oder wischten die Tische mit den wohlduftenden Blättern ab.

WEITERE MINZEN Im Mittelalter und später gehörten verschiedene einheimische Wildarten wie die Bachminze (*M. aquatica*) mit ihrem angenehmen minzartigen Geschmack und die robuste Ross- oder Waldminze (*M. longifolia*) mit ihrem bitteren Aroma, dem das Menthol fehlt, sowie die wilde Ackerminze (*M. arvensis*) mit ihrem etwas dumpfen Minzgeschmack zu den in den Gärten angebauten Heilpflanzen. Ebenso wurde im Garten die Poleiminze (*M. pulegium*), eine kleine, niederliegende und aufsteigende Staude mit starkem Pfefferaroma, gezogen. Schon die Römer hängten Poleizweige an frisches Fleisch, um Fliegen abzuwehren. Im Mittelalter diente Poleiwürze dazu, ranziges Fleisch genießbar zu machen. Walahfrid Strabo (808/9–849) rühmt sie in seinem Gartengedicht wegen ihrer „befreienden" Wirkung: *Glaub' mir, mein Freund, der Poleiminzetee wird dir heilen, – Sei es als Trank oder Umschlag –, den stockenden Gang der Verdauung!*

Auch Flöhe versuchte man mit ihrer Hilfe aus den Betten zu vertreiben.

→ Petersilie

PETROSELINUM CRISPUM

Suppenkraut, Peterling, Peterlein, Silk, Bittersilche, Grönte, Peterzilk

Nimm Petersilgenwurzel / zerstoß die wol also trocken / vermisch sie mit lauterem wein / und trincke davon. / Das macht ein gut Hirn und Gedechtnuß (Gedächtnis) */ und reiniget das Geblüt* (Blut).

LEONHART FUCHS, KREÜTERBUCH (1543)

Wollte die Bäuerin wegen dieser Wirkung kräftige Wurzeln ernten, musste sie nach alter Regel den Samen bei abnehmendem Mond ausstreuen, denn bei zunehmendem gab es nur reichlich Blätter. Beliebte Tage zum Säen waren der Festtag des heiligen Petrus (29. Juni) oder auch schon vorher der Johannistag (24. Juni). Auf jeden Fall muss man wegen der extrem langen Keimzeit geduldig warten können. In Thüringen erklärte man das so: Die Petersilie müsse nach Rom pilgern und sich dort von Petrus persönlich die Erlaubnis zum Wachsen erbitten. Erst nach sechs Wochen sei sie von ihrer langen Wallfahrt zurück und könne anfangen zu sprießen.

Rezept für Pfefferminzsirup zum Würzen von Süßspeisen und Getränken 600 g Zucker in Wasser auflösen, etwa 6 im Mörser zerdrückte frische Pfefferminzstängel mit Blättern dazugeben, ca. 5 Minuten kochen, 15 Minuten stehen lassen, absieben und in Gläser oder eine Flasche abfüllen. Kühl aufbewahren!

SEITE 82 Kräftig zurückgeschnitten bilden junge Melissentriebe ein Blätterdach.

SEITE 83 Minzearten variieren in Aussehen und Aroma.

OBEN Glatte Petersilie, Fuchs, Kreüterbuch (1543)

RECHTE SEITE Krause und glattblättrige Petersilie – gleich beliebte Würzplanzen

BOTANISCHES Man unterscheidet die Krause Petersilie (*P. crispum*), die eng gekräuselte sattgrüne Blättchen hat, und die Italienische oder Französische Petersilie (*P. c. neapolitanum*), deren glatte, gelappte Blättchen im Geschmack allerdings viel intensiver sind. Die möhrenartig verdickten Wurzeln der zweijährigen Pflanzen enthalten das stärkste Petersilienaroma.
Im zweiten Jahr treibt die Pflanze eine Dolde mit zunächst gelb-grünlichen Blüten, aus denen später sichelförmige braune Samen werden.

HEILWIRKUNG Im St. Gallener Klostergarten wuchs die seit dem Altertum geschätzte Petersilie als Heil- und Würzpflanze. Schon bald dürfte das robuste Kraut auch in den Bauerngärten nicht mehr gefehlt haben. Man schrieb ihm blutreinigende, menstruationsfördernde und die Darmtätigkeit stärkende Wirkung zu. Die Samenkörnchen der Petersilie galten aber auch, in größerer Menge genossen, als ein Mittel, die Manneskraft zu stärken und bei der Frau die Empfängnis zu verhüten oder die Frucht abzutreiben, was für die Frau in manchen Fällen ein lebensgefährliches Unterfangen war!
Wer sich mit Petersilie wasche, werde schön, behauptete man in der Pfalz. Dieser Glaube hat wohl nichts mit dem Brauch zu tun, dass man Petersiliensaft gegen Kopfläuse einsetzte.

KULINARISCHES Mehr oder minder hat Hieronymus Bock (1498–1554) noch immer recht: *Wo findt man in Teutschen landen ein kuchen* (Küche), *darinn Petersilgen ... nit gebraucht wird? dann* (denn) *es ist ... reichen und armen das fürnemst Kuchenkraut.*

Petersiliennockerl
100 g Mehl, eine Prise Salz, 30 g Butter, 1 Ei und 2 EL fein gehackte Petersilie mit dem Rührgerät zu einem Teig verarbeiten, anschließend teelöffelgroße Portionen in kochendes Salzwasser geben und 5 Minuten ziehen lassen, nicht kochen. In Suppen oder als Beilage servieren.

→ Rosmarin

ROSMARINUS OFFICINALIS

Marienkraut, Hochzeitsblümchen, Brautkraut, Weihrauchkraut, Balsamstrauch, Totenblume

An Fleisch und Saucen sacht verwendet,
er reizvolles Aroma spendet.

LILO BOLLEREY (*1938)

BOTANISCHES Der aromatisch duftende, immergrüne, nur langsam wachsende Strauch gehört zur Familie der Lippenblütler. Die Zweige sind besonders im oberen Bereich dicht belaubt. Die ledrigen Blättchen, die an Tannennadeln erinnern, verraten die Herkunft aus dem Mittelmeerraum. Seine blassblauen Blütchen mit zwei herausragenden Staubblättern wachsen in Scheintrauben. Nach einer alten Legende hat Maria bei ihrer Flucht nach Ägypten ihren Mantel auf einem Rosmarinstrauch abgelegt. Seitdem seien seine Blüten blau – wie ihr Mantel auf vielen mittelalterlichen Tafelbildern. Da sich der Strauch nicht an die Winterkälte gewöhnt hat, wird er bei uns gern als Kübelpflanze gezogen. Das war schon im 16. Jahrhundert der Fall, denn Leonhart Fuchs schreibt in seinem Kräuterbuch 1543: *Bey uns Teutschen zilet man den Roßmarin in gärten vnnd scherben* (Tongefäßen). Er fährt fast neidvoll fort, dass er in der Provence und anderen Gegenden Frankreichs so zahlreich wachse, *also das die inwoner daselbst kein ander holtz brennen.* Der Strauch verholzt nämlich gern; man vermeidet das, wenn man ihn von klein an nach der Blüte kräftig zurückschneidet. In wärmeren Gegenden Deutschlands, den Gebieten des Weinbaus, überwintert er auch draußen, vor allem an einem windgeschützten Platz.

SYMBOLIK Rosmarin – „Meerestau" ist die Übersetzung, aber man weiß nicht, warum der Balsamstrauch zu der Bezeichnung kam – war im griechisch-römischen Kulturkreis ein Symbol der Liebe. Mit Rosmarin bekränzte man die Statuen der Liebesgöttin Aphrodite bzw. Venus oder verbrannte die würzig duftenden Äste, um ihr zu opfern. Ehe im 17. Jahrhundert die zartere Myrte das „Hochzeitsblümchen" verdrängte, schmückte es Braut und Bräutigam als Zeichen der Liebe und Treue.

OBEN
Rosmarin, Fuchs, Kreüterbuch (1543)

LINKE SEITE
Ein Methusalem unter den Rosmarinsträuchern

Da Liebe überdauern will, gehört Rosmarin als Zeichen fortwährender Verbundenheit auch zum Tod: Im antiken Rom warf man Rosmarinäste in den Scheiterhaufen, in manchen Ländern, auch in Deutschland, streute man Zweige der „Totenblume" auf den Leichnam, nicht nur als Zeichen, sondern auch als magisches Reis, das böse Geister abzuwehren vermag.

HEILWIRKUNG Mittelalterliche Autoren erwähnen den Rosmarin nicht, erst in den Kräuterbüchern des 16. Jahrhunderts wird ihm heilende Wirkung nachgesagt. Otto Brunfels (1488–1534) und Leonhart Fuchs (1501–1566) behaupten, er stärke das Gedächtnis, halte jung oder mache wieder jung und heile Gelbsucht – was auch der griechische Arzt Dioskurides erwähnt –, der Rauch seiner in die Glut geworfenen Ästchen vertreibe Schnupfen, Husten und sogar die Pest.
Da Rosmarinblätter verschiedene ätherische Öle, Gerb- und Bitterstoffe sowie Flavonoide enthalten, wurde in der Volksmedizin Rosmarintee aus den Blättern bei niedrigem Blutdruck und bei zu geringer Gallen- und Magensaftproduktion empfohlen; Rosmarinöl wird heute noch bei Gliederschmerzen aufgetragen oder als den Kreislauf anregender Badezusatz bei niedrigem Blutdruck und als Haarspülung bei Schuppen verwendet.

KULINARISCHES Die mediterrane Küche ist und war ohne das unverwechselbare Aroma des Rosmarins nicht denkbar. Wegen seiner intensiven Würzkraft sollte man ihn auf jeden Fall behutsam dosieren und erst gegen Ende dem Gericht beifügen, da er sonst viel von seinem Aroma verliert. Hervorragend schmeckt er zu Wild, Lamm und Schwein, verleiht aber auch Soßen oder Gemüse einen Hauch südländischer Küche. Bei einem Ästchen im Grillfeuer erschnuppert die Nase am Grillgut eine Spur des würzigen Dufts, außerdem machen Insekten einen größeren Bogen um den Grillplatz. Klein gestoßene Blätter, in Zucker eingelegt, verleihen Süßspeisen einen unvergleichlichen Geschmack.

→ Salbei

SALVIA OFFICINALIS

Königssalbei, Edelsalbei, Muskatenkraut, Lebensstrauch, Sophienkraut, Frauenkraut, Altweiberschmecke, Zahnblätter

Under allen stauden ist kaum ein gewechs / über die salbei / denn es dienet dem Artzt / Koch / Keller / armen un reichen.

HIERONYMUS BOCK, KREUTTERBUCH (1546)

Während des ganzen Mittelalter bis weit in die Neuzeit war der Salbei als Heil- und Gewürzpflanze hoch geschätzt. Walahfrid Strabo (808/9–849) nennt ihn als erste Pflanze in seinem Gartengedicht und charakterisiert ihn so: *Süß von Geruch, voll wirkender Kräfte und heilsam zu trinken. / Manche Gebresten* (Gebrechen) *der Menschen zu heilen, erwies er sich nützlich.*

BOTANISCHES Der niedrige Salbeistrauch mit seinen grau-grünen Blättern, die auf der Oberseite punktförmige Höcker aufweisen und unterseits leicht behaart sind, hat im Hochsommer blau-violette Blüten an ährenförmigen Blütenständen. Es gibt allerdings verschiedene Abarten mit unterschiedlichen Blatt- und Blütenformen und Aromen. Wegen ihres Nektarreichtums werden sie eifrig von Hummeln besucht. Einen angenehm würzigen Duft verströmt die ganze Pflanze, die in Gemüsebeeten Schnecken, Möhrenfliegen und Kohlweißlinge vertreibt. Pflanzt man Salbei am Gartenrand, hält er Läuse und Raupen fern. Die getrockneten Blätter verlieren nur wenig von ihrem Aroma. Beobachtet man die Staude über das ganze Jahr, scheint sie dem Wechsel von Werden und Vergehen nicht unterworfen zu sein. Der Schein trügt, denn sie verholzt. Wachsen im Garten kräftige Salbeistauden, ist die Gärtnerin eine energische Frau, die auch sonst das Heft in der Hand hat, meint ein Kräuterexperte des 16. Jahrhunderts und empfiehlt dem Mann, sich den Salbei im eigenen Garten anzusehen. Um ihn in kompaktem Wuchs zu halten, muss er im Herbst kräftig zurückgeschnitten werden.

HEILWIRKUNG Die Wirkung des Salbei galt als so vielfältig, dass ein mittelalterlicher Spruch behauptet:
Wüchse ein Kreutlein vor (gegen) *dem todt,*

Rosmarinbad Das besonders beliebte Rosmarinbad, das sehr aktivierend wirkt, weshalb man es es nicht am Abend nehmen sollte, kann man folgendermaßen zubereiten: 50 g Rosmarinblätter in 1 l Wasser bis zum Sieden erhitzen, 30 Minuten ziehen lassen, abseihen, Sud ins Vollbad gießen.

Kräuteröl mit Salbei und Thymian 6 EL Thymian, 3 EL Salbei, 2 fein gehackte Knoblauchzehen in eine Flasche füllen, mit 500 ml Sonnenblumen- oder Distelöl übergießen. Die verschlossene Flasche gelegentlich schütteln; nach 1 Woche abseihen, kühl aufbewahren.

OBEN
Salbei, Fuchs, Kreüterbuch (1543)

RECHTE SEITE
Genügend Salbei für vielerlei Verwendung

es wär fürwahr die salb' (Salbei) *ohn spot.*
Die Pfälzer formulierten das salopper: *Du willscht krank sei*(n) *un hoscht* (hast) *Salb im Goade* (Garten)!
Seine entzündungshemmende und keimtötende Wirkung wurde in der Volksheilkunde innerlich bei Verdauungsbeschwerden, Blähungen, Durchfall und leichten Krämpfen im Magen-Darm-Bereich, aber auch bei übermäßigem Schwitzen, vor allem bei Nachtschweiß, genutzt. Seine breite Anwendung verdankte der Salbei der keimtötenden, adstringierenden und krampflösenden Wirkung des ätherischen Öls und der Gerbstoffe. Aus diesem Grund sind auf einem Insektenstich verriebene Salbeiblätter ein gutes Mittel, um Jucken und Anschwellen zu verhindern.
Die rauen Blätter dienten auch zum Zähneputzen. Hier aber schien Vorsicht geboten, denn Zähneputzen mit einem Salbeiblatt galt als tödlich, wenn eine Kröte unter dem Stock lebte (Boccaccio, Decamerone, 37. Erzählung). Heute findet sich Salbeiöl in Zahnpasta.
KULINARISCHES In Wein angesetzt, entstehe *eine köstliche Weiberatzung*, heißt es in einem alten Kräuterbuch. Verwendete man dazu den prachtvollen Muskatellersalbei (*Salvia scalarea*), erhielt man durch das an Muskat erinnernde ätherische Öl einen Pseudomuskateller. Auch als Duftpflanze war der Salbei, vor allem bei älteren Frauen, beliebt. Sie steckten sich ein, zwei Zweige neben anderen Duftpflanzen ins Gebetbuch, um während der Predigt nicht einzunicken.
In kleinen Mengen verfeinert er Lamm-, Wild- und Fischgerichte. Klein gehackt mit anderen Würzkräutern wie Thymian, Petersilie etc. zu Kräuterbutter, Geflügelfüllungen und Fleischmarinade verarbeitet, verleiht er manchem Gericht eine besondere Note.
KRÄUTERBUTTER Einige Blättchen mit klein gehackter Petersilie und Thymian zu Kräuterbutter verarbeiten, rollen und in Alufolie im Kühlschrank aufbewahren. Die Kräuterbutter gibt, in Scheibchen auf Braten oder gegrilltes Fleisch gelegt, dem Gericht eine besondere Note.

→ Schnittlauch

ALLIUM SCHOENOPRASUM

Brotzel(t)

Wo der Schnittlauch und de Katz nex (nichts) *ist, da is au's Weib nex.*

So lautet ein schwäbischer Spruch. Aber Vergleiche hinken bekanntlich, und Orakel sind mehrdeutig, denn in Südtirol behauptet man: *Je schöner im Garten der Schnittlauch, desto böser die Hausfrau.*
BOTANISCHES Der anspruchslose, winterharte Schnittlauch wächst als kleine mehrjährige Pflanze in Büscheln und lässt sich leicht teilen. Die röhrenförmigen Blätter mit ihrem feinen Zwiebelaroma verleugnen ihre Verwandtschaft mit Knoblauch und Zwiebel nicht. Fein geschnitten eignen sie sich zum Würzen und Garnieren und lassen sich auch problemlos einfrieren.
In Bauerngärten sieht man die Pflanze mit ihren bläulich-violetten Kugelblüten oft als Beeteinfassung, weil sie Schadinsekten fern hält und Bienen anlockt.
HEILWIRKUNG Heilwirkung und Anwendung sind wie beim Porree. Schnittlauch gilt als appetitanregend, verdauungsfördernd und harntreibend. In der Schulmedizin ist er jedoch nie verwendet worden.
KULINARISCHES Schnittlauchquark: 250 g Quark, 4 TL Schnittlauchröllchen, 1 kleine pürierte Zwiebel, 1 TL Paprika edelsüß, 1 Messerspitze Salz, 2 EL Milch oder Sahne; alle Zutaten mit dem Rührgerät zu einem Kräuterquark verrühren.

Rezept für einen aromatischen Tee gegen Zahnfleisch- und Halsentzündungen sowie beginnende Erkältung
Auf einen ½ TL klein geschnittene, am besten frische Blätter ¼ l kochendes Wasser gießen, 10 Minuten ziehen lassen, absieben, evtl. mit Honig süßen.

Pesto aus verschiedenen Gartenkräutern
Etwa 200 g Gartenkräuter nach Wahl, z.B. Petersilie, Schnittlauch, Basilikum, Kresse, Thymian und Salbei, mit 1 Knoblauchzehe im Mixer zerkleinern, anschließend mit 200 g gemahlenen Walnüssen, 4 EL geriebenem, würzigem Käse, 200 ml Olivenöl, Salz und Pfeffer vermischen; die Masse in kleine Gläser drücken, im Kühlschrank aufbewahren.

OBEN
Schnittlauch, Fuchs, Kreüterbuch (1543)

RECHTE SEITE
Bald springen die Knospen des Schnittlauchs auf.

→ Weinraute

RUTA GRAVEOLENS

Gartenraute, Weinkraut, Kreuzraute, Mauerraute, Gnadenkraut, Totenkraut

Rührst du leicht sie nur an, so verbreitet sie würzige Düfte. Kraftvoll vermag sie zu wirken, mit vielfacher Heilkraft versehen.

WALAHFRID STRABO, HORTULUS (UM 825)

Wild wächst die Raute in Italien und auf der Balkanhalbinsel. Bei uns findet man sie heute vor allem am Mittelrhein in der Nähe ehemaliger Burgen, ausgewildert aus den Gärten der Ritter.
Über die Alpen brachten sie wie so manche andere Pflanze die Benediktiner. Auf der Reichenau wuchs sie schon zu Beginn des 9. Jahrhunderts in Walahfrid Strabos Garten im Beet neben dem Salbei. Auch Karl der Große maß ihr so viel Wert bei, dass er sie auf allen Krongütern anzupflanzen befahl.
Die frühere Wertschätzung kann man auch an Folgendem erkennen: Die Blättchen sollen den Steinmetzen als Vorlage für die Kreuzblumen an gotischen Kathedralen, wie dem Freiburger Münster, gedient haben, sie zierten auch manches Ritterwappen, und das „Kreuz" auf den Spielkarten ist von ihrer Form und Anordnung inspiriert.

OBEN
Weinraute, Fuchs, Kreüterbuch (1543)

LINKE SEITE
Eine dekorative Pflanze von aromatischem Duft ist die Weinraute.

BOTANISCHES Der etwa sechzig Zentimeter hohe, herbaromatisch und weinartig duftende, immergrüne Strauch findet mit seinem cremefarbigen, verzweigten Wurzelstock auch in steinigem, kalkhaltigem Erdreich Halt. Seine Vorliebe für diese Böden und Sonne verdankt er seiner südlichen Herkunft. Deshalb ist es ratsam, ihn in rauerem Klima im Winter abzudecken.
Da die Weinraute in den unteren zunächst blau-grünen Ästen gern verholzt, sollte man sie zwei- bis dreimal jährlich möglichst nahe am Boden abschneiden. So behält man immer frische Triebe. Die Blättchen schmecken bitter-scharf.
Hält man die rundlich gelappten, blau-grünen Blätter gegen das Licht, kann man durchscheinende nadelstichartige Öffnungen, die mit ätherischen Ölen gefüllten Drüsen, sehen. Besonders an heißen Tagen verströmen sie ihren bitter-aromatischen Duft, der sogar Schlangen verscheuchen soll, jedenfalls verschiedene Pflanzenschädlinge fern hält.
Die kleinen gelben, gekräuselten, löffelförmigen Blütenblätter in Trugdolden bieten in der Blütezeit mit ihrem Nektarreichtum Bienen eine willkommene Nahrung.

HEILWIRKUNG Die Inhaltsstoffe der Blätter und Blüten Rutin, Cumarin, Gerbstoffe, Flavon und die erwähnten ätherischen Öle waren die Grundlage für die breit gefächerte Verwendung der Pflanze seit der Antike.
Die heilende Wirkung einer Spülung mit einer Rautentinktur bei überanstrengten Augen und Bindehautentzündung beteuern sowohl Michelangelo (1475–1564) wie Leonardo da Vinci (1452–1519).
Als Pestkraut wurde die Weinraute sehr geschätzt. Heute wissen wir, dass die Ratten, die indirekten Überträger der Pest, ihren Geruch verabscheuen. Sie galt einst als universales Gegengift und auch als Antiaphrodisiakum, weshalb sie in Klostergärten besonders wichtig war.
Sebastian Kneipp (1821–1897) glaubte, dass man noch nicht alle Heilwirkungen kenne. Denn er schrieb: *Pflanzen reden zu uns durch ihren Geruch. Wie klar und durchdringend meldet die Raute uns ihren Willen, uns Menschen [...] zu helfen, verschiedenes Leid zu lindern, als wenn jedes der kleinen Blättchen ein Zünglein wäre. Daß wir dieses Sprechen stets verstünden!*
Heute jedoch wird allgemein von jeder Anwendung zu Heilzwecken abgeraten, da das Nebenwirkungsrisiko zu groß ist. Manche Menschen reagieren allergisch, wenn sie die Pflanze im Sonnenlicht nur berühren.

KULINARISCHES Als Würzkraut war die Raute bis weit in die Neuzeit beliebt, verlor dann aber wegen der Nebenwirkungen ihre Bedeutung. Bei seltener und sparsamer Verwendung sind aber keine negativen Folgen zu befürchten außer bei Schwangeren. Vielleicht heißt das Kraut deshalb auch „Totenkraut".
Wenige Blättchen würzen Fisch- und Wildgerichte, Salate und Soßen mit ihrem pikant bitter-scharfen Geschmack, eignen sich aber auch als hübsche Dekoration.

→ Ysop

HYSSOPUS OFFICINALIS

Ipsche, Ipsenkraut, Josefskraut, Hysop, Eisenkraut

Entsündige mich mit Ysop, dann werde ich rein; wasche mich, dann werde ich weißer als Schnee.

PSALM 51,9

Es ist möglich, dass die im Hebräischen *êzôb* genannte Pflanze mit unserem Ysop identisch oder nahe verwandt ist. Da ein auf den Blättchen wachsender Pilz Penizillin produziert, ist die Verwendung des *êzôb* bei der Entsühnung eines geheilten Leprakranken (Vgl. Lev 14) ein mögliches Indiz dafür. Der Ysop stammt aus Kleinasien, war den Römern bekannt und wuchs in den mittelalterlichen Gärten der Klöster, Burgen und Bauern.

BOTANISCHES Der Ysop, ein immergrüner, winterharter, zwanzig bis sechzig Zentimeter hoher Halbstrauch aus der Familie der Lippenblütler, hat dicht verzweigte, vierkantige Stängel. Auf seinen dunkelgrünen, intensiv aromatisch duftenden, tannennadelförmigen Blättchen erkennt man, wenn man sie gegen das Licht hält, fein punktierte Öldrüsen. An ährenartigen Blütenständen wachsen tiefdunkelblaue Blüten mit schwerem Duft, der sie bei Bienen und Schmetterlingen beliebt macht. Hübsch sind auch pink- und purpurfarbene oder gelblichweiße Varianten.

Auf leichten, kalkhaltigen Böden in windgeschützter, aber sonniger Lage gedeiht der Halbstrauch am besten, benötigt aber in raueren Gegenden einen Winterschutz. Im Herbst sollte die Pflanze kräftig zurückgeschnitten werden, damit man im Frühjahr junge Triebe ernten kann. Leider ist der hübsche Zier- und Gewürzstrauch in den Gärten sehr selten geworden.

HEILWIRKUNG Hildegard von Bingen (1098–1179) lobt den Ysop als eine besonders energische Pflanze, die sich selbst gegen Steine, die ihr beim Wachsen im Weg sind, durchsetze. Sie empfiehlt ihn vor allem bei Lungen- und Leberleiden. Konrad von Megenberg (1309–1374) ist überzeugt, dass der Ysop viel heilkräftiger ist *als man lêrt in der ärzt kunst und in iren püechern.*

Der Ysop zählt auch zu den alten Insektiziden. Auf Borde und Boden gestreut oder als Büschel ans Fenster gehängt, hielt er Insekten fern. Mit einem Ysopsud vertrieb man Läuse.

Heute ist er aus den Apotheken weitgehend verschwunden. In der Volksmedizin wird ein Tee aus den Blättern bei Husten, Schnupfen, Erkältungskrankheiten, Entzündungen der Harnwege und bei schmerzhafter Menstruation empfohlen. Die Pharmazeutische Industrie verwendet das ätherische Öl „Oleum Hyssopi“ und Likörhersteller die Bitterstoffe der Pflanze.

KULINARISCHES Die Römer schätzten mit Ysop gewürzten Wein; nach Hildegard von Bingen (1098–1179) passt er zu fast allen Speisen. In der Tat würzt das Kraut, sparsam frisch oder getrocknet verwendet, Fleisch- und Fischgerichte, besonders Kalb- und Lammbraten sowie Pasteten. Außerdem trägt es zur besseren Verdauung fetter Gerichte bei. Auch Eintöpfe, Suppen und Bohnengerichte lassen sich mit Ysop in ihrem Geschmack pikant verändern. Ein paar Blüten im Salat sind mehr als ein optischer Effekt.

Ehe es Kühlschränke gab, schützte manche Köchin frisches Fleisch mit einem Zweig Ysop gegen Fliegen.

Ente mit Honig und Kräutern Die halbierte Ente von allen Seiten mit Honig bestreichen, dann in einer fein gehackten Kräutermischung aus je 1 EL Rosmarin, Thymian, Majoran und je ½ EL Ysop, Bohnenkraut, Weinraute und 1 Prise Salz wälzen. Mit der Hautseite nach oben in einen gut eingeölten Bräter legen, die Haut an mehreren Stellen mit einer Messerspitze anstechen, das Bratgut mit 4 EL Orangensaft beträufeln und mehrere Stunden stehen lassen, damit das Kräuteraroma einzieht. Im vorgeheizten Backofen bei 200 °C 50–60 Minuten braten, zwischendurch die Hälften mehrmals wenden, bis beide Seiten schön braun und knusprig sind.

→ Küchenzwiebel

ALLIUM CEPA

Zwiefel, Bolle, Zipolle, Sipel, Zwiebellauch

Sankt Benedikt (21. März) *macht Zwiebeln dick.*

Diese alte Bauernweisheit ist ein frommer Wunsch und nichts weiter. So werden in anderen Gegenden auch andere Tage genannt. Beispielsweise sei Karfreitag ein guter Tag, um die Zwiebeln für eine reiche Ernte zu stecken, weil es ein Tag der Tränen ist, die nur wenige beim Zwiebelschälen vermeiden können. Auf die Mondphasen zu achten und Zwiebeln wie alles, was in der Erde gedeihen und wachsen soll, bei abnehmendem Mond zu stecken, raten schon die Pflanzengelehrten der Antike. Sich an Johanni (24. Juni) in den Zwiebeln zu wälzen und so das Laub zu knicken, führt dagegen lediglich zur Frühreife. Richtig reif sind Zwiebeln erst, wenn das Laub von selbst verdorrt.

BOTANISCHES Wenn sich auch bei dieser uralten Kulturpflanze die einzelnen Zwiebelsorten in Farbe, Form

OBEN
Ysop, Fuchs, Kreüterbuch (1543)

RECHTE SEITE
Schlank und zart recken sich die duftenden Ästchen des Ysops.

Rezept für Zwiebelkuchen 240 g Mehl, 170 g Butter, 1 Ei, 1 Prise Salz zu einem Teig verkneten und auf eine feuerfeste Kuchenform verteilen, ca. 20 Minuten bei 180 °C vorbacken.
Während dieser Zeit die Füllung aus 80 g Schinkenwürfelchen, 200 g in Scheiben geschnittenen, leicht gedünsteten Zwiebeln, 200 g geriebenem, würzigem Hartkäse, 400 ml Sahne, 4 Eiern, etwas Salz und Muskat vorbereiten. Eier und Sahne verquirlen, das Übrige unterrühren und auf dem warmen Kuchen verteilen. Anschließend bei 180 °C 35–40 Minuten backen, bis die Oberfläche goldgelb ist. Warm, evtl. mit gemischtem Salat, servieren.

OBEN
Zwiebelblüte, Fuchs, Kreüterbuch (1543)

LINKE SEITE
Frisch geerntete rote Zwiebeln

RECHTE SEITE
Bei den „ewigen Ziebeln" wachsen Ableger direkt am Stiel. Im zweiten Jahr blüht die Zwiebel kugelförmig.

und Größe stark unterscheiden, so sind wesentliche Merkmale identisch: papierdünne Außenhaut, fleischige innere Schalen – sieben sagt man ihnen nach –, röhrenartige Blätter und im zweiten Jahr kugelförmige Blüten an langen Stielen. Manche Zwiebeln werden gesät, andere gesteckt; bei den gesteckten erntet man die Tochterzwiebel.
Im Bauergarten pflanzt man sie gern in die Nähe von Möhren oder Dill, Gurken und Erdbeeren, was beiden Seiten wohl bekommt.

HEILWIRKUNG Wie Knoblauch und andere Zwiebelgewächse werden die vitaminreichen, blutdrucksenkenden und entzündungshemmenden Zwiebeln in der Volksheilkunde wie Knoblauch vorbeugend und lindernd bei Arteriosklerose eingesetzt. Der Saft gilt als wirksames Mittel gegen Husten, Bienen- und Wespenstiche.

KULINARISCHES Roh, gedünstet oder als knusprig gebratene Ringe geben Zwiebeln Salaten, Gemüse und Fleisch, auch in Verbindung mit Knoblauch, einen angenehmen Geschmack. Ganze Zwiebeln, mit Nelken gespickt, werten eine Linsensuppe spürbar auf. Und nicht nur in der Pfalz gehört ein Stück Zwiebelkuchen zum jungen Wein.

MAGISCHES Wie bei anderen scharf riechenden Pflanzen sagte man auch der Zwiebel antidämonische Kräfte nach. Während Pestepidemien hängte man Zwiebeln in den Krankenzimmern auf, und noch im 18. Jahrhundert glaubte man, halbierte Zwiebeln saugten „die bösen Lüfte" an. Heute weiß man, dass Zwiebeln durch ihren Schwefelgehalt eine desinfizierende Wirkung haben. Diese schwefelhaltigen ätherischen Öle treiben uns auch die Tränen in die Augen.

Die Zwiebel ist ein Fräulein, das einen zum Weinen bringt, wenn man ihm das Röcklein auszieht.

AIGREMONT, CA. 1900

FÄRBEMITTEL Die äußeren Zwiebelschalen waren im bäuerlichen Bereich ein wichtiges Färbemittel, je nach Intensität der Brühe färbten sie von Hellgelb bis Braun. Haare, Leinen und Wolle wurden damit gefärbt und Hölzer gebeizt. Heute beschränkt sich das Färben mit den Schalen auf Ostereier.

Gemüse

nennt Auszüge und Mischungen mit Honig, Feigen usw., die er gegen Blattern, asthmatische Beschwerden, Vergiftungen und vieles andere empfiehlt.
KULINARISCHES Wegen des hohen Vitamin-C-Gehalts, anderer Vitamine und des ätherischen Senföls ist dieses erste Grün, das zudem blutreinigend und als Kur gegen Frühjahrsmüdigkeit wirkt, als Salat, als Beigabe zu Tomaten und zum Verzieren von Gerichten willkommen.

→ Gartenkresse

LEPIDIUM SATIVUM

Pfefferkraut, Fleischkraut

Aller Gartenkreßsamn / er sey wo er wölle gewachsen / hat ein krafft zu erwärmen / und ist eines scharpffen geschmacks. 17. JAHRHUNDERT

Seit dem 9. Jahrhundert ist dieses erste Salatgrün des Frühjahrs bei uns bekannt. Als Beigabe zum Essen schätzten aber bereits Griechen und Römer die Gartenkresse als Gewürz- und Salatpflanze.
BOTANISCHES Man unterscheidet glatt- und krausblättrige Sorten. Die sehr genügsame Kresse braucht Feuchtigkeit, wenn ihr Kraut schnell bis zu dreißig bis vierzig Zentimeter Höhe heranwachsen soll. Schon im März im Freiland gesät, kann man bei günstiger Witterung nach etwa zwei Wochen die ersten kleinen, ellipsenförmigen Blätter schneiden, deren leicht scharfer Geschmack an Radieschen erinnert. Die nachwachsenden, handförmig gelappten, dunkelgrünen Blätter an dünnen Stielen sind im Geschmack noch intensiver. Das Ernten darf nicht auf die lange Bank geschoben werden, denn schon bald erscheinen rispenartige Blüten. Danach sollte man nur noch die Samen sammeln. Um über den ganzen Sommer junge Kresse pflücken zu können, muss man erneut säen; im Sommer an halb schattigen Plätzen, weil die Pflanze dann nicht so schnell in die Höhe treibt und blüht. Natürlich wuchsen im Bauerngarten weitere Salate wie der schnell wachsende Pflücksalat, verschiedenste Kopfsalate und Endivien.
HEILWIRKUNG In den alten Kräuterbüchern wurde die Kresse auch als Heilmittel gepriesen. Allerdings wird immer nur der Samen für innerliche wie äußerliche Anwendungen empfohlen. Leonhart Fuchs (1501–1566)

→ Gartenmelde

ARTIPLEX HORTENSIS

Bergspinat, Spanischer Spinat, Scheiß- oder Schissmelde

Wenn man die Blätter der Pflanze in einen Topf unter die Erde setzt, so dass er nicht austrocknet, werden aus den Blättern Frösche. KONRAD VON MEGENBERG, BUCH DER NATUR (1348/50)

Dieser Satz des Regensburger Domherrn beweist, dass man zu seiner Zeit überliefertes Wissen noch weitgehend weitergab, ohne es zu überprüfen, auch wenn die Aussage noch so phantastisch klang. Die Melde war zu Konrads Zeit eine gängige Gemüsepflanze.
Schon die Griechen kannten die heute kaum noch angebaute Kulturpflanze. Vermutlich haben die Römer sie bei uns eingeführt, denn in einem ausgegrabenen Brunnen des Römerkastells von Welzheim bei Stuttgart fand man Samenkörner. Als Wildling ist die Melde überall, wo ihr nicht mit Pestiziden zu Leibe gerückt wird, unübersehbar.
BOTANISCHES Die einjährige Gartenmelde, die zur Familie der Gänsefußgewächse gehört, kann schon im Februar ausgesät werden. Sie erreicht, falls man sie gewähren lässt, ungefähr Mannshöhe. Sobald die wenig verzweigten Stängel etwa zwanzig Zentimeter hoch sind, kann man die jungen unteren, mehlig bestäubten, dreieckigen Blätter pflücken und wie Spinat verarbeiten. Wenn sich dann im Juli bis August an dicht verzweigten Scheinähren viele unscheinbare grüne Blüten entfalten, sind die Blätter für Gemüse zu derb und bitter.
HEILWIRKUNG Auch wenn der griechische Arzt Dioskurides (1. Jahrhundert) die Melde eine Gemüse- und Heilpflanze nennt, war ihre Bedeutung als Heilpflanze offenbar gering. Hildegard von Bingen (1098–1179)

SEITE 98
Gemüse und Blumen halten gute Nachbarschaft.

SEITE 99
Wie verwunschen erscheint der alte Bauerngarten.

OBEN
Kresse, Fuchs, Kreüterbuch (1543)

RECHTE SEITE
Kresse gehört zu den Salaten, die bis zum Frost gedeihen.

Wohlschmeckendes Gemüse Eine klein gehackte Zwiebel in Öl anbraten, dann 750 g fein geschnittene junge Blätter und Triebe mit der Zwiebel etwa 10 Minuten dünsten, salzen und mit etwas Sahne und Weißwein abschmecken.

Rezept für Mangoldstielgemüse 1 kg Mangoldstiele in Stücke schneiden, in Olivenöl dünsten; eine klein geschnittene Zwiebel und 2 EL gewürfelten Schinkenspeck ebenfalls in Olivenöl anbraten, mit 200 ml Sahne ablöschen, 2 EL Pinienkerne, 1 EL Rosinen, Salz und Pfeffer unterrühren und über das Gemüse gießen.

OBEN
Gartenmelde, Fuchs, Kreüterbuch (1543)

LINKE SEITE
Rote und grüne Gartenmelde, ein alter Bauernspinat

empfahl ein Mus aus Melde, dem Schnittlauch und Ysop zugesetzt wurden, gegen Hauttuberkulose. Adam Lonitzer (1528–1586) schreibt, sie helfe bei Gicht und Gelbsucht. Heutige Bücher über Heilpflanzen erwähnen die Melde nicht.

KULINARISCHES Die volkstümlichen Namen der Gartenmelde verraten ihre Verwendung in der Küche. Die Melde – ihr Name wird auf ihren „milden“ Geschmack zurückgeführt – ist reich an Vitamin C, Kalzium, verdauungsfördernden Bitterstoffen und Eisen. Sie war bis in die frühe Neuzeit nicht nur ein häufig aufgetischtes, sondern auch sehr gesundes Gemüse, das schließlich vom Spinat verdrängt wurde. Über die Bedeutung des letztgenannten volkstümlichen Namens streiten sich die Gelehrten. Die einen schwören, er rühre von einer „durchschlagenden“ Wirkung des Gemüses her, die anderen sind sicher, dass er von „schießen“ kommt, weil die Melde buchstäblich „ins Kraut schießt“ und schnell Samen ansetzt.

WÜRZIGER SALAT Zu den Blättern der noch ganz jungen Melde fein geschnittenen Schnittlauch, Estragon sowie einen klein geschnittenen säuerlichen Apfel mischen und mit Essig, Öl und Salz würzen.

→ Mangold

BETA VULGARIS

Römerwurzel, Beißkohl, Mangelwurzel, Krautstiel

Im Kloster-, Burg- und Bauerngarten ist Mangold ein alteingesessenes Gemüse und eine dekorative Zierpflanze. Der Name hängt möglicherweise mit dem althochdeutschen Männernamen Managolt („Vielherrscher“) zusammen. Mangold ist eine Zuchtform der Wildrübe, die an der Mittelmeer- und Atlantikküste zu finden ist. Diese Römerwurzel stammt wie Rote Bete, Zucker- und Runkelrübe von derselben Wildform. Wie uns der griechische Arzt Hippokrates (ca. 460–375 vor Christus) versichert, war Mangold zu seiner Zeit ein gängiges Gemüse auf dem griechischen Markt. Auch bei uns ist er ein altes Gemüse, denn er wird in der Landgüterverordnung Karls des Großen und im St. Galler Klosterplan aufgeführt.

BOTANISCHES Normalerweise wird die zweijährige, unkomplizierte Pflanze einjährig gezogen. Wie Spinat und Gartenmelde gehört sie zur Familie der Gänsefußgewächse. Besonders auffallend sind die aufrecht stehenden, gelblich-grünen, zunächst runzlig zusammengezogenen Blätter, die sich zu beachtlicher Größe ausdehnen, in der Farbe aber von Gelb bis zu einem leuchtenden Rot-Orange des Stiels und Blattes variieren und dadurch zu einem Blickfang im Garten werden können. Es gibt von diesem Gemüse, das vor allem Eisen, Kalium, Vitamin A, B, C und K enthält, zwei Arten: Blatt- und Rippenmangold. An der Mittelrippe kann man die beiden leicht unterscheiden. Während der Blattmangold feinere Rippen hat und daher eher wie Spinat verarbeitet wird, kann der Rippenmangold wie Spargel zubereitet werden.
Bei beiden Sorten können die nachwachsenden äußeren Blätter während des ganzen Sommers geerntet werden. Das „Herz“ sollte man aber stehen lassen. Da Mangold winterhart ist, kann man ihn auch in der kalten Jahreszeit ernten, bis er im Frühling einen Blütenstand aus grünlichen Kugelblüten in ährenartigen Rispen treibt.

HEILWIRKUNG Leonhart Fuchs (1501–1566) nennt eine größere Zahl von Krankheiten, u.a. Ohrenschmerzen, Tinnitus, Kopfweh, Leberschäden, Gelbsucht und Würmer, denen man mit rotem oder weißem Mangoldsaft, Blätterextrakten etc. beikommen könne. Der von ihm erwähnte Name „Mangelwurzel“ mag sich auf die wertvollen Inhaltsstoffe beziehen, die Mängel in der Ernährung ausglichen. Heute spielt die Pflanze in der Medizin keine Rolle mehr.

SPANACHIA
Spinet.

→ Spinat

SPINACIA OLERACEA

Binatsch, Binetsch

Spinat erweycht den herten (harten) *bauch, darumm er under allen kochkreutern fast das best und lieblichst ist, denen so der stulgang verstopfft ist.*

LEONHART FUCHS, KREÜTERBUCH (1543)

Ob der Spinat aus Spanien, wohin ihn die Araber nach ihrer Besetzung großer Teile des Landes im 8. Jahrhundert brachten, oder durch die Kreuzfahrer zu uns gelangte, ist unklar. Albertus Magnus (um 1200–1280) nannte ihn „Spinachia“ und zog das neue Gemüse eindeutig der Melde vor. Bei dem oben zitierten Tübinger Professor Fuchs heißt die Pflanze „Bynetsch“ und „Hispanisch Kraut“.

BOTANISCHES Spinat, der wie die Gartenmelde zur Familie der Gänsefußgewächse zählt, wird zu Beginn des Frühjahrs und im Spätsommer in einen humusreichen, hinreichend feuchten Boden ausgesät, denn in einem trockenen, steinigen Boden schießt er schnell. Deshalb ist eine Kompostdüngung mit Gesteinsmehl ratsam. Durch seinen hohen Gehalt an Vitaminen, Mineralien und Eiweiß ist er ein gesundes Gemüse. Sein hoher Eisengehalt ist dagegen weitgehend Legende.
Schon fünfzig Tage nach der Aussaat der stacheligen Samen sind die Blattrosetten mit den dreieckigen dunkelgrünen Blättern reif zur Ernte. Die Blütensprossen entwickeln sich bei der einjährigen Pflanze erst im Sommer, zu der Zeit aber sollte das Gemüse längst geerntet sein, weil es sonst einen bitteren Beigeschmack hat.

HEILWIRKUNG Fuchs und andere Kräuterväter empfehlen das Gemüse bei hartem Stuhl, weisen aber auf Magenbeschwerden als Nebenwirkung hin. Wissenschaftlich ist eine solche Wirkung nicht zu belegen.

KULINARISCHES Sein Geschmack und sein Nährwert hängen von der Art der Düngung und ganz entscheidend von der Zubereitung ab. Während er im 19. Jahrhundert und noch im 20. in der bäuerlichen und bürgerlichen Küche in Salzwasser gekocht, durchgemahlen und dann in einer Mehlschwitze serviert wurde, erfährt er heute durch den Einfluss der italienischen Küche eine Renaissance. In etwas Öl gedünstet und klein gehackt, bewahrt er weit mehr Nährstoffe.

→ Speise-Rhabarber

RHEUM RHABARBARUM

An feuchtem humusreichem Platz,
Rhabarber, wahrer Gartenschatz!
Die dicken würzig-herben Stiele
Bereiten der Genüsse viele.

LILO BOLLEREY (*1938)

Der Speise-Rhabarber wurde erst im 18. Jahrhundert in Europa angepflanzt. Er hat keine medizinische Bedeutung, sondern ist ausschließlich Gemüsepflanze. Verarbeitet werden die gekochten Blattstiele.

BOTANISCHES Der Rhabarber liebt einen etwas feuchten, humusreichen Platz, verträgt aber auch Schatten in der Nähe eines Laubbaumes. Mit seinen ausladenden Schirmblättern, auch Elefantenohren genannt, seinem rötlich gefärbten, halb runden oder flachen fleischigen Stängel ist er eine beeindruckende, mächtige Staude mit ährenförmigem, hoch aufstrebendem Blumenstand voller kleiner Blüten, die keineswegs die Konkurrenz von Zierpflanzen zu scheuen braucht. Im Bauerngarten, am Rand gepflanzt, wirkt sie wie eine grüne Insel. Da Rhabarber über viele Jahre seinen Platz behauptet, sollte man den Standort so wählen, dass er sich mit seinen kräftigen, tief reichenden Wurzeln und seinem umfänglichen Blätterdach zur Genüge ausdehnen kann. Es ist ratsam, in der Erntezeit von April bis Juni die Blütenansätze, die zunächst wie weiße Pilzköpfe erscheinen, abzuschneiden, um der Staude ihre Kraft zu erhalten. Bis zum Johannistag (24. Juni) darf man, wie beim Spargel, immer wieder äußere Stiele ernten, dabei müssen die dreißig bis fünfzig Zentimeter langen Stängel vorsichtig am Wurzelhals abgedreht werden. Die Freude an dem Kompott, dessen Säure durch Zucker auf das persönliche Maß gebracht werden kann, darf aber nicht dazu führen, die langstieligen Blätter alle zu ernten, denn die Pflanze braucht eine ganze Anzahl, um in der restlichen Jahreszeit genügend Kraft für das nächste Jahr zu sammeln. Durch Teilen des kräftigen Wurzelstocks lässt sich der Rhabarber leicht vermehren.

Rezept für Spinatpfannkuchen Zunächst 500 g Mehl, ½ l Milch, 4–5 EL Joghurt, 2–3 Eier und Salz zu einem dünnflüssigen Teig verrühren. Dann 500 g nicht zu grob gehackte junge Spinatblätter in etwas Öl einige Minuten dünsten und mit Saurer Sahne, Salz und Pfeffer abschmecken. Dünn gebackene Pfannkuchen werden jeweils mit dem Spinat bestrichen, gerollt und in einer feuerfesten Form geschichtet. Ca. 200 g Saure Sahne, mit 150 g frisch geriebenem Parmesan verrührt, darüber gießen, das Ganze bei 200 °C im vorgeheizten Backofen etwa ½ Stunde backen.

SEITE 104
Mangold, ein wohlschmeckendes Gemüse und auffällige Gartenzier

SEITE 105
Zierlich wirkt die alte Spinatpflanze. Fuchs, Kreüterbuch (1543)

OBEN
Rhabarber, Fuchs, Kreüterbuch (1543)

RECHTE SEITE
Der dekorative Rhabarber benötigt viel Platz.

KULINARISCHES Wie bereits erwähnt, ist er eine reine Speisepflanze. Durch seinen hohen Gehalt an Fruchtsäure, besonders Apfelessig, sowie seine Vitamine und Spurenelemente ist und war er der bäuerlichen Familie ein wertvolles Nahrungsmittel. Er kann als säuerliches Kompott zum Nachtisch auf den Tisch kommen oder mit anderen süßen Früchten wie Erdbeeren zu Marmelade verarbeitet werden, wobei der Säuregehalt des Rhabarbers zum Gelieren beiträgt.

→ Ackerbohne

VICIA FABA

Dicke Bohne, Deutsche Boan, Puffbohne, Pferdebohne, Saubohne

Wie schade, dass du nicht morgen gekommen bist,
da wird es nämlich etwas Gutes geben: Bohnen mit Brot.

ABT VON ST. GALLEN ZU KÖNIG KONRAD, 911

Da wird sich mancher wundern, dass diese pelzige Bohne einem König gegenüber wie eine Delikatesse gepriesen wird. Oder ist sie vielleicht nur ein wenig schmackhafter als das, was an diesem Tag dem überraschenden Gast an der Klostertafel serviert wurde? Ihre Wertschätzung ist auf jeden Fall alt. Römer, Germanen und Slawen brachten sie auch ihren Toten als Gabe. Man war sich sicher, dass sie die Lieblingsspeise der Dämonen und Zwerge war.

Ihre Volksnamen deuten allerdings nicht gerade auf ein exquisites Gemüse hin, eher auf Futter für Pferde und Schweine. Gern werden die meisten Walter von der Vogelweide zustimmen, wenn er dichtet:

Waz êren hât frô Bône, daz man sô ir singen sol?

Was ist nur an der Bohne dran, dass man sie besingen soll?

Ganz sicher aber ist die Puffbohne (lautmalerischer Name für das Geräusch beim Aufpellen der Schote) ein uraltes Gemüse, das man bereits in einer Siedlung bei Nazareth fand, die auf ein Alter von 6000 Jahren datiert wurde. Ägypter, Israeliten, Griechen und Römer bauten sie an, und auch Karl der Große wollte auf seinen Gütern nicht auf sie verzichten.

BOTANISCHES Die einjährige Dicke Bohne gehört wie alle Hülsenfrüchte zu den Schmetterlingsblütlern. An den kantigen Stängeln wachsen eiförmige, dickwandige Blätter. In Trauben stehen die weißen Blüten mit schwarzem Fleck am Grund. Fünf bis neun kräftige Bohnen liegen in den lederartigen, leicht behaarten Schoten.

Ihr Anbau ist nicht schwierig, denn als Hülsenfrucht gehört sie zu den sogenannten Schwachzehrern, die mit Hilfe von Bakterien, die sich in ihren Wurzeln ansiedeln, Stickstoff umwandeln und dadurch kaum Dünger benötigen.

Schon früh, noch vor den Eisheiligen (11. bis 15. Mai) sollte man die kälteunempfindliche Saubohne setzen, weil sie dann für Ungeziefer, vor allem die schwarzen Läuse, weniger anfällig ist.

KULINARISCHES Da die getrockneten Bohnen sehr haltbar sind und nach Einweichen und Kochen ein wertvolles Gemüse ergeben, das neben reichlich vorkommenden Proteinen weitere bioaktive Stoffe wie verschiedene Aminosäuren, Kalium, Kieselsäure und Flavonoide enthält, wurden diese Bohnen im Winter häufig aufgetischt.

In Stollen des Salzbergwerks in Hallstatt fand man einen Gerste-Hirse-Bohnen-Brei, teilweise mit Fleischstückchen, mit dem sich die Bergarbeiter 800 vor Christus für ihre Arbeit stärkten. In ähnlichen Breizusammensetzungen und in Suppen mit passierten Bohnen hat die Hülsenfrucht über Jahrhunderte hungrige Mägen wirkungsvoll gefüllt. Im Rheinland und in manchen Teilen Norddeutschlands hat dieses Bohnengemüse mit durchwachsenem Speck trotz der verbreiteten Geringschätzung überdauert.

SOMMERGEMÜSE Aus den jungen Blättern und den unreifen Schoten mit den noch zarten Bohnen lässt sich ein sehr schmackhaftes Gemüse zubereiten.

STANGEN- UND BUSCHBOHNEN Die Abwertung der Dicken Bohne zur Saubohne setzte im 16. Jahrhundert mit der Einfuhr der *Welsch Bonen* ein, wie Leonhart Fuchs (1501–1566) sie nannte. Bei ihm findet man auch die ältesten Abbildungen von ihnen. Seitdem haben sich die Garten- oder Stangenbohne (*Phaseolus vulgaris*), besonders die Feuerbohne (*Ph. coccineus*), und die aus der Gartenbohne gezüchtete Buschbohne einen Stammplatz in Bauerngärten erobert.

Rezept für Baiser-Rhabarber-Kuchen

100 g Butter, 100 g Zucker, 4 Eigelb, 125 g Mehl, ½ Päckchen Backpulver und eine Prise Salz zu einem Kuchenteig verrühren; Teig auf zwei gleich große, mit Backpapier ausgelegte Springformböden verteilen. Aus den 4 Eiweiß und 200 g Zucker steifen Eischnee schlagen, auf die beiden Teigböden verteilen und mit jeweils ca. 25 g Mandelsplitter bestreuen. Bei 170–180 °C ca. 30 Minuten backen. Etwa 500 g klein geschnittenen, gedünsteten Rhabarber ohne Saft auf einen der abgekühlten Böden verteilen, 200 ml steif geschlagene, leicht gezuckerte Sahne darüber verteilen und den zweiten Boden aufsetzen. Den Kuchen am besten mit dem Elektromesser schneiden!

OBEN
Ackerbohnen

RECHTE SEITE
Stangenbohnen haben Dicke Bohnen aus dem Garten vertrieben.

→ Gartenerbse

PISUM SATIVUM

Erbsen sä' zu Ambrosius (4. April),
so tragen sie reich und geben gut Mus.

BAUERNREGEL

Je größer der Staub im Märzen,
je schöner die Ernte der Erbsen.

BAUERNREGEL

GANZ OBEN
Erbsenreis, Fuchs, Kreüterbuch (1543)

OBEN
Möhre, Weinmann, Eigentliche Darstellung (1735)

LINKE SEITE
Schön wie eine Zierpflanze ist die Gartenerbse.

Erbsen zählen wie Bohnen und Linsen zu den Schmetterlingsblütlern und wurden wie die anderen Hülsenfrüchte schon in der Jungsteinzeit angebaut. Wahrscheinlich stammt unsere Kulturform von wilden Erbsen aus dem östlichen Mittelmeerraum ab.

BOTANISCHES Mit Wickelranken an den Enden der rauen Stängel drehen sich die paarig gefiederten, eiförmigen oder rundlichen Blätter an eingestecktem Buchenreisig bis zu einem Meter hoch. Die weißen Lippenblüten wachsen zu mehreren zusammen; die daraus entstehenden aufgeblähten Hülsen enthalten bis zu acht grüne, kugelige Samen.

Früher glaubte man, der Ernteertrag sei von der Einhaltung bestimmter Aussaattermine abhängig, wie verschiedene Bauernregeln für Erbsen belegen.

KULINARISCHES Adam Lonitzer (1573) versichert für seine Zeit, Erbsen seien *das gebräuchlichste gemüß*. Als Gemüse gab es die grünen Erbsen im einfachen bäuerlichen Haushalt in zweierlei Form: frisch oder getrocknet. Die noch unreifen, weichen Schoten wurden als zartes Gemüse, aber nur zu besonderen Anlässen aufgetischt, weil man es für Verschwendung hielt. An Festtagen gehörten gepellte frische grüne Erbsen in der entsprechenden Jahreszeit mit oder ohne Möhren so unverzichtbar zum zweiten Gang mit Braten wie der Kirchgang zum Festtag.

Die getrockneten Erbsen, über Nacht in Wasser geweicht, kamen vor allem im Winter fast jede Woche als Suppe mit Schinkenspeck auf den Tisch, in manchen Gegenden am Donnerstag. Am Vorabend saßen dann ein paar Personen um den Tisch und sortierten Fremdkörper, vor allem jede unerwünschte Eiweißzugabe aus. Bei Aschenputtel halfen freundlicherweise die Tauben: *Die guten ins Töpfchen, die schlechten ins Kröpfchen.*

MAGISCHES Die Erbse war weniger ein Heilmittel als ein Medium der Magie. Einige Beispiele: Man glaubte Warzen zu vertreiben, wenn man so viele Erbsen, wie man Warzen hatte, an eine bestimmte Stelle legte oder dort begrub. Erbsenstroh in der Wiege schütze Kinder vor Ausschlag, Erbsenstroh im Bett erleichtere der Frau die Geburt.

Wollte ein Mädchen sicher sein, dass die Tänzer sich um sie rissen, musste sie rohe Erbsen in ihren Schuhen tragen. Auch wenn die Erbsen zu den Lieblingsspeisen der Zwerge zählten, konnten sie offensichtlich durch Erbsen auch vertrieben werden, wenn man sie missbrauchte, um seine Neugier zu befriedigen, wie die bekannte Geschichte von den Kölner Heinzelmännchen erzählt.

→ Möhre

DAUCUS CAROTA SSP. SATIVUS

Mohrrübe, Gelbe Rübe, Karotte

Wer dicke Mohrrüben will essen,
darf St. Gertrud (17. März) *nicht vergessen.*

BAUERNREGEL

Die in jungsteinzeitlichen Siedlungen gefundenen Samen der Pflanze, welche die Römer dann „carota" oder „pastinaca" nannten, waren auf jeden Fall nicht die der heute bei uns gängigen Möhre. Diese wurde erst seit dem 16. Jahrhundert nördlich der Alpen angebaut. Sie ist eine Kreuzung der Wilden Möhre mit der im Mittelmeerraum wild wachsenden Riesenmöhre (*Daucus maximus*).

Ob die in Karls des Großen Landgüterverordnung genannte „Carvita" oder das „Morkrut" Hildegards von Bingen (1098–1179) eine Möhre oder eine Pastinake waren, ist ungewiss. Sicher ist, dass Albertus Magnus (um 1200–1280) mit „Daucus" eine Möhre beschreibt.

BOTANISCHES Die frühen Sorten dieser zweijährigen Pflanze mit ihrer rübenartig verdickten gelb- bis orangefarbenen Wurzel werden früh, nach der Bauernregel etwa Mitte März, ausgesät. Weil Gelbe Rüben drei bis

Möhrenquiche mit Gorgonzola Eine Quicheform mit Blätterteig auslegen, den Rand unregelmäßig, mindestens 1 Zentimeter überstehen lassen, ca. 20 Minuten bei 200 °C vorbacken. 4–5 mittelgroße geraspelte Möhren in Öl kurz dünsten. 200 g gewürfelten Gorgonzola, je 1 EL klein gehackten Thymian und Petersilie, 3 Eier und 200 g Crème fraîche mit Salz und Pfeffer verrühren und mit den abgekühlten Möhren mischen; auf dem vorgebackenen Boden verteilen. Bei 200 °C im vorgeheizten Backofen 30 Minuten backen. Warm mit Salat servieren.

OBEN
Weißer Rettich, Fuchs, Kreüterbuch (1543)

LINKE SEITE
Möhren halten gute Nachbarschaft mit manchen anderen Gemüsen.

vier Wochen zum Keimen benötigen, sät die Bäuerin gerne Pflücksalat oder Radieschen dazu, um so die Reihe zu markieren. Zum gegenseitigen Nutzen findet man oft Zwiebeln oder Lauch, auch etwas Dill in ihrer Nähe. Die dunkelgrünen Blätter sind lang gestielt und fein gefiedert. Die erst im zweiten Jahr am Stängelende wachsende Dolde mit den kleinen, weißen Blüten zieht sich nestartig beim Reifen des Samens zusammen. Gewöhnlich erlebt die Gelbe Rübe kein zweites Jahr, weil die Wurzel – ist sie lang, wird sie Möhre, ist sie eher klein und rundlich, Karotte genannt – im ersten Jahr geerntet und nicht nur von Hexen *morgens früh um sieben*, wie es im Kindergedicht heißt, geschabt wird.

HEILWIRKUNG Der Tiroler Arzt Matthiolus preist in seinem Kräuterbuch von 1563 die gekochten Möhren als angenehme, appetitfördernde, magenfreundliche Speise, die zudem *lust … zu den ehelichen wercken* bringe. Der gestoßene Samen, in Wein gekocht, vertreibe Bauchgrimmen, Schluckauf und Steine. Dieser Glaube ist genauso geschwunden wie die Zuversicht in Oberbayern, eine Meute hungriger Wölfe begnüge sich, wenigstens kurzfristig, mit ihnen zugeworfenen Karotten und gebe dem gehetzten Menschen eine Chance zu entkommen. Die Schulmedizin verwendet die Möhre hauptsächlich bei Ernährungsstörungen von Säuglingen.

KULINARISCHES Die in der Möhre, dieser „Vorratskammer" der Natur, enthaltenen bioaktiven Stoffe Provitamin A, Vitamin B1, B2, Kalium, ätherisches Öl und Flavonoide machen sie zu einem wertvollen Lebensmittel. Für die Bäuerin vergangener Zeit war die Möhre ein wichtiges Gemüse, weil sie sich in der Miete bis zum Frühjahr frisch hielt.

Wenn sie nicht roh gegessen wurden, war ihre Zubereitung früher meistens wie E. T. A. Hoffmann (1776–1822) die Möhren in „Die Königsbraut" ihrem König Daucus Carota klagen lässt: *Zerschnitten, in schnödes Wasser geworfen, mit Butter und Salz gefüttert zu unserer Qual, schmachten wir in unnennbarem Leid, das edle Petersilienjünglinge mit uns teilen.*

Wertvoller bleiben ihre Wirkstoffe, wenn man ihren frischen Saft mit ein paar Tropfen Öl oder Milch trinkt oder sie gerieben als Rohkost zu sich nimmt bzw. mit Zwiebeln, Knoblauch oder anderem Gemüse dünstet.

→ Rettich

RAPHANUS SATIVUS

Bierrettich, Furzwurzel, Radi, Bölkwurzel, Rumenasse

Ziemlich scharf ist die Wurzel (des Rettichs), *gegessen besänftigt sie aber / Husten, der dich erschüttert, und Trank aus zerriebenem Samen / Heilet gar oft das Leiden derselben verderblichen Krankheit.*

WALAHFRID STRABO, HORTULUS (UM 825)

Bereits die Menschen der griechisch-römischen Antike kannten verschiedene Rettichsorten. Ob der Radi, wie er in Bayern heißt, schon vor den Römern den Weg über die Alpen fand oder mit ihnen, wissen wir nicht. Im ersten nachchristlichen Jahrhundert gedieh er bei uns offensichtlich prächtig, denn der römische Schriftsteller Plinius († 79 nach Christus) schreibt, in dem feuchtkalten Germanien wüchsen Rettiche, groß wie neugeborene Kinder.

BOTANISCHES Der ursprünglich aus dem Wilden Rettich, der noch als Ackerunkraut zu finden ist, kultivierte Rettich ist zweijährig, wird aber nur einjährig gezogen. Er beansprucht im Garten nicht unbedingt ein eigenes Beet, zeigt sich aber für einen humusreichen, lockeren Boden dankbar und mag die Nachbarschaft von Kresse, Salat und Bohnen. Seine rauhaarigen, ovalen Blätter wachsen an langen Stielen. An einem hoch strebenden Schaft treibt im zweiten Jahr eine Blütenrispe mit kleinen, weißen bis blasslila Kreuzblüten. Der Samen reift in aufgeblähten, spitz zulaufenden Schoten.

KULINARISCHES UND HEILWIRKUNG Der Rettich ist und war, vor allem in Süddeutschland, ein geschätztes Nahrungsmittel breiter Volksschichten, das seine Schärfe dem Senföl verdankt. Dieses Öl und Vitamin C machen die „Furzwurzel" auch zu einer gesunden Nahrung. Eduard Mörike (1804–1875) preist in seinem Gedicht „Restauration" die erfrischende, den Missmut vertreibende Wirkung des Rettichs, als ihm bei der Rezension schwärmerischer Gedichte die Laune ganz vergangen war:

Ich sah mich schnell nach was Tüchtigem um,
Lief in den Garten hinterm Haus
Zog einen herzhaften Rettich aus,

Fraß ihn auch auf bis auf den Schwanz,
Da war ich wieder frisch und genesen ganz.

Diese das Gemüt erfrischende Wirkung erreicht der Bayer, wenn er zur „Brotzeit" den Radi in dünnen, gesalzenen Scheiben zum Bier genießt.

In Süddeutschland, wo, wie bereits erwähnt, weit mehr Rettich gegessen wird als im Norden, gibt es viel weniger Gallenblasenentzündungen, was man dem Rettich zuschreibt. Denn frisch gepresster Saft fördert die Gallenfunktion und beugt Nieren- und Gallensteinen vor. Nach der Volksmedizin gewinnt man bei Husten ein schleim- und krampflösendes Mittel, wenn man einen Radi, am besten einen schwarzen, aushöhlt, Honig hineinträufelt oder Kandiszucker einfüllt. Der durch ein kleines Loch am unteren Ende austretende Sirup gilt als bewährter Hustenstiller. Im Laufe der Zeit entstanden weitere Formen und Farben der Knolle: rote, rosafarbene und schwarze Knollen. Das würzige rotweiße Radieschen (*R. sativus subsp. sativus*), das im Frühjahr schon nach sechs Wochen erntereif ist, gilt als das beliebteste und am weitesten verbreitete Rettichgewächs. Der Schwarze Winterrettich (*R. sativus subsp. niger var. niger*), dessen weißes Fleisch sich unter einer dicken schwarzen Schale verbirgt, kann im Garten bis zum Frühjahr geerntet werden.

→ Lauch, Porree

ALLIUM PORRUM

Winterlauch, Breitlauch, Preißlauch, Gemüselauch, Welchzwiebel, Eschlauch, Burri

Lauch und Fisch, Wein und Brot steh'n vor mir als Speise
Leckeres vom Königshof will ich d'rum nimmer seh'n.

So sehr schätzte der Reichenauer Abt Walahfrid Strabo (808/09–849) dieses Gemüse, dass ihn die Erinnerung an die königliche Tafel, die er als Prinzenerzieher kennen gelernt hatte, eher mit Mitleid erfüllte. In den Bauerngärten wuchs Lauch über viele Jahrhunderte und war als Gemüse beliebt. Spätere Fachleute aber schätzen ihn als Gemüse wenig, er führe zu *Beunruhigung in der Begierde* meinte Hildegard von Bingen (1098–1179). Das unterstrich Leonhart Fuchs (1501–1566) mit den Worten *er reytzt zur unkeiischeyt* und fügte hinzu, er mache bei häufigem Verzehr *trübe Augen*.

HEILWIRKUNG Als Heilkraut mit Essig, Honig und Salz aufbereitet, heilt er nach Fuchs viele Gebrechen, vor allem schaffe er Linderung bei Bronchitis. Ursache dieser Wirkungspalette sind sein schwefelhaltiges ätherisches Öl, Saponine, Schleim und Mineralsalze. Heute spielt er als Heilmittel keine Rolle mehr.

BOTANISCHES Porree zählt zu der großen Familie der Zwiebelgewächse, seine Zwiebel ist jedoch nur wenig ausgebildet. Die flachen, blaugrün gefärbten Blätter bilden einen Scheinstängel. Erst im zweiten Jahr treibt der Lauch im Juni bis August einen etwa einen Meter hohen Blütenschaft mit einer violetten Kugelblüte; er wird jedoch im Herbst oder Winter einjährig geerntet.

KULINARISCHES Leicht gedünstet kann man ihn als Gemüse, in verschiedenen Salaten und als Suppengewürz verwenden oder als Lauchkuchen servieren.

Rezept für Lauchkuchen mit Lachs
Fertigblätterteig für eine Quicheform, 3 Stangen Lauch, 200 g Lachs, 200 ml Crème fraîche, 3 Eier, Salz, Muskat und Pfeffer. Die Quicheform mit Blätterteig auslegen und den Rand einen Zentimeter überstehen lassen, ca. 20 Minuten bei 200 °C vorbacken. Den in dünne Scheiben geschnittenen Lauch mit etwas Öl dünsten. Den Lachs in fingerdicke Würfel schneiden und anbraten. Beides abkühlen lassen und anschließend mit Crème fraîche, Eiern, Salz, Muskat und Pfeffer vermischen, auf den vorgebackenen Boden verteilen. Bei 220 °C ca. 30 Minuten backen.

→ Rote Bete, Rote Rübe

BETA VULGARIS VAR. CONDITIVA

Burgunderrübe, Rahne, Randa, Rauna, Rotwurzel

Des Mittags aßen sie große Schüsseln voll Solperfleisch aus der Bütte, und die eingemachten Rotwurzeln gaben dem Mittagstisch nach altem Überkommen Siegel und Farbe des Festtags. STEFAN ANDRES (1906–1970), MOSELLÄNDISCHE NOVELLEN

Die Rote Rübe stammt wie Mangold von der an der Mittelmeer- und Atlantikküste heimischen Wildrübe ab. Sie wurde bereits sehr früh kultiviert.

BOTANISCHES Bis in die Mitte des letzten Jahrhunderts füllte dieses leicht anzubauende Wurzelgemüse in den Bauerngärten ein ganzes Beet. Die anspruchslose und einfach zu ziehende Pflanze gedeiht auch an einem halb schattigen Platz, benötigt jedoch genügend Feuchtigkeit, um zarte rote Kugeln zu entwickeln. Im Herbst wird die an sich zweijährige Pflanze geerntet, denn sonst würde sie im nächsten Jahr rispenartige Blüten treiben. Dabei ist es wichtig, beim Abschneiden der Blätter die Knolle nicht zu verletzen, denn sonst läuft beim Kochen der rote Saft aus. Verantwortlich für die Rotfärbung ist der Farbstoff Betain, der das Immun-

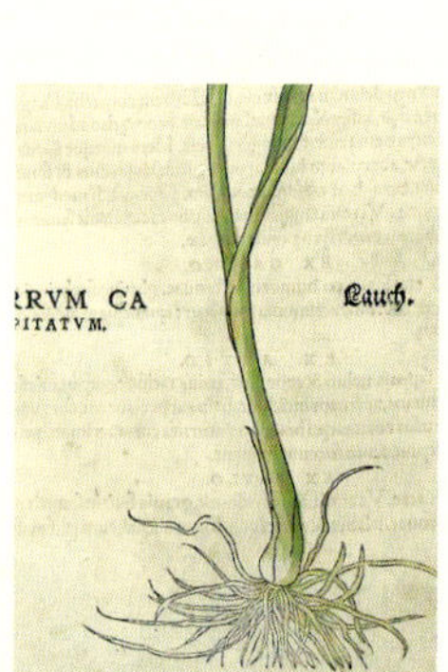

OBEN
Lauch, Fuchs, Kreüterbuch (1543)

RECHTE SEITE
Unempfindlich gegen erste Fröste kann der Lauch lange geerntet werden.

Rezept für Heringssalat mit Roter Bete
350 g gekochte Kartoffeln, 1 Glas Rote Bete (ca. 350 g Abtropfgewicht), 3 eingelegte Heringe, 1 große Zwiebel, 2 Äpfel, 4–5 Gewürzgürkchen, 100 g Fleischwurst, 3–4 Walnüsse, alles in kleine Würfel geschnitten, 2–3 Lorbeerblätter, Muskat, 2–3 Nelken und Pfeffer mit Weinessig und Öl abschmecken, etwa 100 g Mayonnaise mit 2–3 EL Saurer Sahne verrühren und darunter heben, über Nacht durchziehen lassen.

system stärkt. Man hat der Roten Bete lange eine blutbildende Wirkung nachgesagt. Bei der Ähnlichkeit der Farbe und der Menge des Saftes ist dies ein naheliegender, jedoch leider falscher Gedanke. Dieser Saft kann bei häufigem Genuss wegen der Nitrat-Ionen zu gesundheitlichen Schäden führen.

KULINARISCHES Da die mineralreiche Wurzel in einer Kiste mit feuchtem Sand oder wie früher in der Gartenmiete bis gegen Ende des Winters frisch bleibt, war sie auf dem bäuerlichen Speisezettel jede Woche zu finden, nicht immer zur Freude aller Tischgenossen, da sie mitunter nach längerer Lagerung einen leicht muffigen Beigeschmack hatte.

FÄRBEMITTEL Wer nach dem Schälen gekochter Roter Bete seine Hände betrachtet und versucht, sie zu reinigen, versteht, dass der Saft ein hervorragendes Färbemittel war. Vor allem Leinen wurde damit dauerhaft rot gefärbt.

→ Flaschenkürbis / Kürbis

CUCURBITA LANGENARIA / C. PEPO

Bitterle, Pilgerflasche

Siehe, da wächst auch der Kürbis. Aus winzigem Samen zur Höhe / Reckt er sich, streut mit den Schilden der Blätter riesige Schatten / Und entsendet mit üppigen Zweigen haltende Ranken.

WALAHFRID STRABO, HORTULUS (UM 825)

So beginnt der Dichterabt von der Reichenau sein Gedicht über den Flaschenkürbis. Diese Kürbisart hat Früchte in verschiedenen Formen: die enghalsigen, gleichmäßig gewachsenen „Pilgerflaschen", die „Herkuleskeulen", die „Trompeten" oder die „Kanonenkugeln". Die Pflanze war ein Import aus Italien. Plinius († 79 nach Christus) nennt schon verschiedene Arten. Auch die Zubereitung, in der der Kürbis in Walahfrids Gedicht auf den Tischen des klösterlichen Refektoriums erscheint, steht schon im Kochbuch des spätrömischen Autors Apicius. Gerade Gemüse in vielfältigen Formen war in der Klosterküche wegen der häufigen Fasttage und der gewöhnlich fleischlosen Kost außerordentlich wichtig. Dieser Kürbis ist nicht zu verwechseln mit den heute gängigen, aus Mittelamerika stammenden verschiedenartigen Verwandten, was Form, Farbe und Geschmack angeht.

BOTANISCHES Der Flaschenkürbis ist wie die aus der Neuen Welt importierten Kürbisgewächse einjährig. Er mag einen besonders gut gedüngten, feuchten Boden. Wegen seiner Frost- und Kälteempfindlichkeit muss er wie die anderen in Töpfen vorgezogen werden. Die schnell wachsende Schlingpflanze, die an einem Tag bis zu zwanzig Zentimeter schafft, benötigt für die großen herzförmigen Blätter und später für die schweren Früchte eine kräftige Rankhilfe. Bei Walahfrid sind es sich gabelnde Erlenzweige, um die sich die spiralförmigen Ranken mit ihren Spitzen wie „Schiffstaue" schlingen. Der Rest der Spirale rollt sich auf oder zu, wie Wind und Wetter es verlangen.

An jeder Verdickung der Hauptranke, Knoten genannt, zweigt eine Nebenranke ab, wächst ein Blatt und es sprießt eine neue Spiralranke. Das beobachtet bereits Walahfrid: *Und weil jede* (Ranke) *am Ende in doppelte Klammern sich gabelt, / Packen sie rechts und links von allen Seiten die Stütze.* So gegen fast alle Wetter gesichert, rankt sich die schwache, haltlose Pflanze in stolze Höhen. Männliche und weibliche, reinweiße Blüten mit jeweils fünf Blütenblättern wachsen meist aus den Knoten. An den weiblichen Knospen erkennt man schon den Fruchtknoten.

KULINARISCHES Vom Sommer bis in den Herbst wurden die Früchte geerntet, in Scheiben geschnitten als Gemüse zubereitet und je nachdem mit Weinraute oder Sellerie, Minze und Liebstöckel gewürzt, in der Pfanne gedünstet oder als saftiger Nachtisch serviert.

Auch die nährstoffreichen Kerne waren geröstet eine schmackhafte Beigabe zu Speisen und Gebäck. Die heute üblichen Kürbisse sind bis weit in den Winter hinein lagerfähig, während der Flaschenkürbis im Spätherbst austrocknet.

TRINKFLASCHE Die Rinde des Flaschenkürbisses wird beim Austrocknen im Herbst holzig. Hatte man die obere Kappe abgeschnitten, ließen sich Fruchtfleisch und Kerne durch den Hals entfernen. So war schnell eine leichte, formschöne und haltbare Trinkflasche fertig, die auch Pilger gern bei sich trugen.

DIE HEUTIGEN KÜRBISARTEN Die Spanier brachten die heute weit verbreiteten Kürbisarten, Verwandte des

OBEN
Blühende Rote Bete, Fuchs, Kreüterbuch (1543)

LINKE SEITE
Rote Bete

Rezept Kürbissuppe
1 kg Kürbisfleisch, z.B. vom Muskatkürbis, 1 Zwiebel, ¾ l Wasser, 3 EL Majoran, 1 EL Oregano, 1 TL Thymian, Muskatnuss, ½ TL Curry, Salz und Pfeffer, Kürbiskernöl. Zwiebeln klein gehackt in Öl andünsten, Kürbis klein geschnitten dazugeben und weitere 5–10 Minuten dünsten, mit etwa 1 l Wasser auffüllen und weich kochen. Mit dem Pürierstab pürieren und mit Kräutern und Gewürzen abschmecken. Nach Geschmack beim Servieren mit in Öl gerösteten Kürbiskernen bestreuen.

Flaschenkürbisses, aus Mexiko mit. Die Pflanzen ähneln sich stark, aber die Blüten der mexikanischen Kürbisse sind gelb.
Ihre Verschiedenheit im Geschmack macht eine Auswahl schwer, bietet aber fast jedem etwas. Im Laufe der Zeit kamen aus weiteren Ländern andere Kürbissorten dazu. Sehr bekannt ist der Hokkaido aus Japan.
Auch das Fleisch der heutigen Kürbisarten ist reich an Vitamin A, B und C, an Karotin, Mineralien, Phosphor, Eisen und Kieselsäure und enthält – für die heutige Ernährung wichtig – wenig Kalorien und viele Ballaststoffe. Geröstete Kürbissamen machen manches Gericht besonders schmackhaft. Ihr Einsatz bei Blasenschwäche und Prostataproblemen ist allgemein bekannt.

→ Gemüsekohl

BRASSICA OLERACEA

Eben geht mit einem Teller
Witwe Bolte in den Keller,
Daß sie von dem Sauerkohle
Eine Portion sich hole,
Wofür sie besonders schwärmt,
Wenn er wieder aufgewärmt.

WILHELM BUSCH (1832–1908), MAX UND MORITZ

OBEN
Muskatkürbis, Fuchs, Kreüterbuch (1543)

LINKE SEITE
Aus alten Klostergärten kam der weiß blühende Flaschenkürbis.

Auch wenn unsere französischen Nachbarn glauben, Sauerkraut sei ein deutsches Nationalgericht, schwärmten nicht alle hierzulande dafür. Heinrich Heines Ausspruch *Das schmeckt wie Kraut und Rüben* bezeugt das. Aber dieses gesunde Gericht kam sehr oft auf den bäuerlichen Tisch. Die Sauerkrauttröge, in der Eifel oft aus Sandstein, hatten ein erstaunliches Volumen; sie konnten bis zu einen Viertel Kubikmeter fassen. Da es aber recht unterschiedliche Kohlsorten gibt, nicht nur Weißkohl, der zu Sauerkraut verarbeitet werden kann, sondern auch Wirsing, Grün-, Rosen-, Blumen-, Rotkohl, Brokkoli und Kohlrabi, findet sich wohl für jeden Geschmack etwas.

GESCHICHTLICHES Der Gemüsekohl ist eine alte Kulturpflanze, die wahrscheinlich von einer einzigen sehr bescheidenen Wildform abstammt, dem an den Meeresküsten vom Atlantik bis zum Mittelmeer beheimateten Wildkohl. Von der Form her unterscheidet man *Stammkohl* mit einer stark entwickelten Sprossachse (z.B. Kohlrabi), *Blätterkohl* (z.B. Grünkohl), *Kopfkohl* (z.B. Weiß- und Rotkohl) und *Inflorenzkohl* (z.B. Rosen- und Blumenkohl). Man weiß nicht genau, wann die Kulturpflanzen gezüchtet wurden. Kohl kam nicht erst durch die Römer nach Mitteleuropa, sondern war schon in der Jungsteinzeit ein geschätztes Gemüse. Brokkoli, auch Spargel- oder Sprossenkohl genannt, ist übrigens die älteste Gartenform der Kohlgewächse, der Rotkohl dagegen ein Spätling; er wurde im 17. Jahrhundert erstmals erwähnt.
Die meisten Kohlsorten, vor allem Wirsing, Weiß-, Rot- und Blumenkohl, waren keine Gartenpflanzen. Sie wurden auf dem Acker gezogen, da sie nicht nur viel Platz beanspruchten, sondern auch als erntereife Pflanze länger frisch blieben – es bestand also keine Notwendigkeit, sie in Griffnähe zu haben.

BOTANISCHES Die Kohlpflanzen gehören zu der großen Familie der Kreuzblütler und sind zweijährig, werden aber im ersten Jahr geerntet. Wie alle Mitglieder dieser Familie haben sie kreuzförmige Blüten. Diese schwefelgelben, traubenförmigen Blüten wachsen an langen Stängeln, die Samenschoten sind schmal und lang.

HEILWIRKUNG Frische Kohlblätter wurden vor dem Schlafengehen auf einem aufgrund von Rheuma oder Gicht schmerzenden Gelenk mit einer Binde festgebunden.

KULINARISCHES Die Römer schätzten Kohlgemüse und aßen es gerne roh. Cato der Ältere (um 150 vor Christus) hielt es für das beste Gemüse und für ein Universalheilmittel – eine Ansicht, die der alte Spruch *Kohl ist der Arzt der Armen* bestätigt. Kohl enthält viele wichtige Vitamine, vor allem Vitamin C, Schwefel, eine Menge Mineralsalze und bioaktive Substanzen. Beim Sauerkraut kommen noch die Milchsäurebakterien hinzu.

SAUERKRAUTHERSTELLUNG Für bescheidene Mengen schneidet man den Kohl in der Küchenmaschine. Früher, als mehrere Körbe voll geschnitten wurden, hatte man dafür den Sauerkrauthobel.
Das fein geschnittene Kraut wird in einen Steinguttopf etwa fünf Zentimeter hoch geschichtet, mit Salz bestreut, Wacholderbeeren werden eingestreut und evtl.

einige Lorbeerblätter. Mit einem Holzstampfer wird es so lange gestampft, bis es „Saft zieht", das heißt, bis es feucht wird; so wird Schicht um Schicht eingelegt und gestampft. Wenn am Ende der Saft das Kraut nicht vollständig bedeckt, gibt man etwas Wasser zu. Dann deckt man das Kraut mit einem Leinentuch dicht ab, legt zwei halbkreisförmige Brettchen auf das Tuch und beschwert es mit einem oder zwei schweren Steinen. 14-tägig müssen die obere weißliche Brühe abgeschöpft, Tuch, Brettchen und Steine sorgfältig gereinigt und wieder aufgelegt werden. Man gießt Wasser nach, bis der alte Pegel erreicht ist. Nach ca. sechs Wochen ist das Kraut vergoren und kann verzehrt werden. Es lässt sich dann problemlos portionsweise einfrieren.

Kraut-Krapfen
250 g Mehl, 2 Eier, 1 Prise Salz zu Nudelteig verarbeiten und auf einem Brett dünn ausrollen.
Für die Füllung ½ kg Sauerkraut mit 1 klein gehackten Zwiebel in Öl goldbraun anbraten. 1 EL gehackte Petersilie und 100 g gewürfelten Schinkenspeck beimischen, die Masse gleichmäßig auf dem Nudelteig verteilen und das Ganze fest zusammenrollen; in etwa 7 Zentimeter lange Stücke schneiden und im Eisentopf mit Öl von beiden Seiten goldbraun braten, dann mit so viel Wasser ablöschen, dass der Boden etwa 2 Zentimeter hoch bedeckt ist, zugedeckt bei geringer Hitze noch ca. 25 Minuten köcheln lassen. Dazu isst man Apfelkompott.

Eingelegte Kürbisstücke Im aufgekochten Sud aus 1 l Weißwein-, 3 EL Balsamicoessig, 350 g Zucker, 1 Stange Zimt, 4 Nelken und 1 Prise Salz 1250 g klein gewürfelte Muskatkürbisstückchen glasig werden lassen, in Marmeladegläser schichten, mit nochmals aufgekochtem Sud bedecken und verschließen. Kühl aufbewahren. Als Beilage zu Wild, Lamm, gegrilltem Fleisch servieren.

Winter-Suppenwürze (altes Bauernrezept)
2 Stangen Lauch ohne Außenblätter, 3 mittlere Möhren, 1 kleine Sellerieknolle, 1 Bündelchen Petersilie, 3 Liebstöckelblätter – zusammen ca. 500 g –, waschen und im Mixer zerkleinern. Masse mit 100 g Salz und 1 TL Pfeffer mischen, in kleine Gläser füllen und verschlossen im Kühlschrank aufbewahren. Eignet sich als Würze verschiedenster Wintersuppen.

GANZ OBEN
Winterkohl, Fuchs, Kreüterbuch (1543)

OBEN
Kohlkopf, Fuchs, Kreüterbuch (1543)

RECHTE SEITE
Kohlrabi, Blumenkohl und Salat zwischen Trittbrettern

UNTEN
Kohlköpfe im Bauerngarten

Sträucher

Hollerküchlein
15 Holunderblüten, Öl zum Fritieren, evtl. Puderzucker zum Bestreuen. Teig: 125 g Mehl, 1 Messerspitze Salz, 2 EL Distel- oder Sonnenblumenöl, 1 Eiweiß, ca. 150 ml lauwarmes Wasser. Mehl, Salz und Öl mit so viel warmem Wasser verrühren, bis ein dünnflüssiger Teig entsteht, Teig etwa 2 Stunden kühl stellen. Kurz vor der Verwendung das steif geschlagene Eiweiß vorsichtig unterrühren. Die gewaschenen und abgetupften Dolden in den Teig tauchen und bei 180 °C fritieren. Auf Küchenpapier abtropfen lassen, evtl. mit Puderzucker bestreuen und sofort servieren.

OBEN
Holunder, Fuchs, Kreüterbuch (1543)

LINKE SEITE
Der alte Hollerbaum, seit Generationen Schutz für Hof und Garten

→ Schwarzer Holunder

SAMBUCUS NIGRA

Holder, Holler, Hollerbusch, Schwarzer Flieder, Eller, Ellhorn, Alhorn

Im April muss der Holunder sprossen
Sonst wird des Bauern Mien' verdrossen.

BAUERNWEISHEIT

Der Schwarze Holunder war wie keine andere Pflanze im Bereich des bäuerlichen Anwesens mit abergläubischem und sagenumwobenem Brauchtum verbunden. An keinem Gehöft durfte er fehlen. Am liebsten sah man es, wenn er sich seinen Platz selbst ausgesucht hatte, sei es am Gartenzaun, an der Hofeinfahrt oder einer Scheunenecke. Nur selten findet man ihn innerhalb eines Gartens.

BOTANISCHES Der robuste, anpassungsfähige Großstrauch, manchmal auch ein krummwüchsiger kleiner Baum, ist der in der Natur am häufigsten vorkommende Holunder und kann mehrere Meter hoch werden. Seine Zweige enthalten im Innern ein weiches, weißes Mark, das sich leicht brechen lässt und Kinder veranlasste, ein Zweigstück auszuhöhlen und sich eine Flöte zu schneiden. Der Strauch hat unpaarig gefiederte Blätter. Anfang Juni öffnen sich am Ende der Zweige kleine weiße Blütensternchen in schirmflachen Trugdolden und verbreiten einen intensiven, für manchen unangenehmen aromatisch-süßen Duft. Bis zum Spätsommer entwickeln sich daraus die schwarzvioletten Beeren. Verwandte sind der Rote oder Traubenholunder, dessen korallrote Fruchttrauben früher auch zu Saft verarbeitet wurden; die Kerne sind jedoch giftig. Ferner der Attich oder Zwergholunder, eine stinkende Pflanze, bei der alle Teile giftig sind; sie hat ebenfalls schwarze Früchte.

MAGISCHES Die Verehrung des Hollerbuschs reicht bis in heidnische Zeiten. Er galt als Wohnsitz des guten, hilfreichen Hausgeistes und bot einen wirksamen Schutz gegen Dämonen und Hexen, ja selbst gegen Unwetter und Blitzeinschlag, was sich in vielen magischen Bräuchen widerspiegelt. Die Ehrfurcht drückte sich auch in dem weit verbreiten bäuerlichen Spruch aus: *Vor dem Holler muss man den Hut ziehen.* Keinesfalls durfte man ihn abhacken oder verbrennen, das brachte Unglück über das ganze Haus. In manchen Gegenden durften nur Witwen und Waisen ihn gefahrlos als Brennholz nutzen: Ein Ausdruck geradezu biblischer Milde und Fürsorge des Baumes.

HEILWIRKUNG Seine Verwendung bei vielen Beschwerden und Krankheiten belegt der Satz: *Der Holler ist die Apotheke des Einödbauern.* Er ist eine vielseitige Heilpflanze. Sehr wirksam ist ein Tee aus frischen Blüten bei Erkältungen, Grippe und Bronchitis. Um sie ganzjährig zur Verfügung zu haben, sollte man sie einfrieren oder behutsam trocknen.

KULINARISCHES Die reifen Beeren sind reich an Vitamin A, B 1, B 6 und C. Sie erhöhen die Widerstandskräfte, sollten aber nicht roh verzehrt werden, da das zu Übelkeit führen kann. Wenn man sie zu Saft verarbeitet, kann man diesen mit Äpfeln oder Rhabarber zu Gelee verarbeiten oder daraus einen Likör herstellen.

→ Rote Johannisbeere

RIBES RUBRUM

Fürwitzlein, Johannisträublein, Träuble, Riebsie, Weinbeere

Johannisbeeren, rot und weiß
sind kleiner Mühe großer Preis.
Voll Vitaminen, herb und frisch
Steh'n sie vielfältig auf dem Tisch.

LILO BOLLEREY (*1938)

Die Rote Johannisbeere, die in kaum einem Bauerngarten fehlt, ist vermutlich erst im 15. Jahrhundert aus der in unseren Auwäldern wild wachsenden Form gezüchtet worden. Im folgenden Jahrhundert war sie noch eine Rarität, denn Hieronymus Bock berichtet 1546 in seinem Kräuterbuch: *di wolschmekkend rothen Johanns*

Nussbodenmit roten Johannisbeeren
Für den Kuchen 4 Eiweiß zu Schnee schlagen, anschließend nacheinander 200 g Zucker, 200 g gemahlene Haselnüsse, 100 g geraspelte Bitterschokolade und 1 TL Rum, 1 gestrichenen TL Backpulver, 1 Prise Salz vorsichtig einrühren; bei 180 °C in einer Springform auf Backpapier im vorgeheizten Backofen ca. 30 Minuten backen. Für den Belag ½ kg Rote Johannisbeeren waschen, entstielen; ¼ l leichten Weißwein oder Apfelsaft mit 1 EL Sherry kochen, den mit 1 EL kaltem Wasser angerührten roten Tortenguss einrühren und die Hälfte sofort auf den Tortenboden verteilen, die Beeren darüber geben, den Rest des Gusses darüber gießen, am Rand mit gerösteten Mandelblättchen verzieren.

OBEN
Johannisbeere, Fuchs, Kreüterbuch (1543)

LINKE SEITE
Ob Träuble, Riebsie oder Johannisbeere, sie fehlen in keinem Bauerngarten.

Treublin würt inn königlich Lustgärtn gepflanzet. Eine alte Legende erzählt, wie der Wildstrauch zu seinem Namen kam: Johannes der Täufer legte sich, weil er in der Wüste nirgendwo etwas zu essen gefunden hatte, halb verhungert unter einem Strauch schlafen. Beim Erwachen war der bis dahin früchtelose Strauch voll roter Beeren. Seitdem trägt er seinen Namen. Wahrscheinlicher ist, dass die „Träuble" diesen Vornamen tragen, weil sie um den 24. Juni, dem Festtag des Heiligen, reif sind.

BOTANISCHES Der flachwurzelnde Strauch ist im Garten sehr anspruchslos. Häufig begnügt er sich mit einer Ecke am Gartenzaun oder entlang des Zauns, gedeiht aber besser, wenn mehrere „Träuble" zusammenstehen und man ihn im Herbst mit wärmendem und nährendem Mulch aus verrottetem Mist oder Kompost umgibt. Neben den handförmig gelappten Blättern blühen im April die unscheinbaren, gelblich-grünen Glockenblütchen in locker hängenden Trauben. Ende Juni leuchten dann die kugeligen Beeren aus dem Laub. Da die Pflanze immer wieder aus dem Wurzelstock ausschlägt, muss man ältere Triebe über dem Boden abschneiden.

Schon im 18. Jahrhundert hatte man weitere Sorten wie weiße und weiß gestreifte Johannisbeeren gezüchtet.

KULINARISCHES Die erfrischend herb-säuerlichen Beeren, die reichlich Apfel-, Zitronen- und Weinsäure, Vitamin C und andere Vitamine, Mineralstoffe und bioaktive Stoffe enthalten, werden roh gegessen, zu Gelee, Marmelade oder Saft verarbeitet, aber auch, was recht beliebt ist, zu Wein vergoren, weshalb sie in Bayern auch Weinbeere heißen. Natürlich eignen sie sich auch als wohlschmeckender Tortenbelag.

→ Schwarze Johannisbeere

RIBES NIGRUM

Gichtbeere, Stinkstrauch, Alpenbeere

An Sankt Eulalia (12. Febr.) *Sonnenschein*
bringt viel Obst und guten Wein.

BAUERNWEISHEIT

HEILWIRKUNG Die verwandte Schwarze Johannisbeere bekam ihren volkstümlichen Namen Gichtbeere, weil in der Volksmedizin ein Tee aus den getrockneten Beeren gegen rheumatische Beschwerden und Gicht verordnet wurde. Auch die Blätter haben antirheumatische Wirkung. Wegen ihres Gehalts an verschiedenen Vitaminen, vor allem wegen ihres außerordentlich hohen Vitamin-C-Gehalts, sowie an Mineral- und Farbstoffen, welche unsere Zellen schützen, ist die Schwarze Johannisbeere eine sehr gesunde Frucht.

MIT BEEREN ANGESETZTER SCHNAPS Viele Menschen schätzten und schätzen den „angesetzten" Schnaps, wenn die Beeren ihr Bad im Alkohol hinter sich haben. Im Juni und Juli sah man früher fast überall auf einem Fensterbrett der Bauernhäuser ein paar mit den Beeren halb gefüllte Flaschen, in denen mit Hilfe der Sonne und einiger Teelöffel Kandiszucker der Likör heranreifte. Nach einigen Wochen wurde der unterdessen dunkelrote Likör abgesiebt. Heute kennt man den Saft vor allem als „Cassis" mit Sekt.

→ Stachelbeere

RIBES UVA-CRISPA

Kräusel-, Rauchbeere, Reichling, Klosterbeere

Stachelbeere, zuckerreiche,
nicht aus unsern Gärten weiche.
Entgiften hilfst du unsern Leib,
drum stets für leckre Torten bleib!

LILO BOLLEREY (*1938)

Aus dem in unseren Laubwäldern wild wachsenden Strauch mit etwa erbsengroßen Früchten wurden im Lauf der Zeit viele großfruchtige, reichtragende Sorten gezüchtet. Schon im Hochmittelalter war die Stachel-

beere ein beliebter Gartenstrauch. Mitte des 16. Jahrhunderts kannte man bereits fünf großbeerige Sorten.
BOTANISCHES Die mit der Johannisbeere eng verwandte Stachelbeere ist wie diese ein genügsamer Flachwurzler mit handförmig gelappten Blättern. Ihre Zweige sind jedoch, anders als bei der Verwandten, mit Stacheln bewehrt. Heute gibt es aber auch weitgehend stachelfreie Sorten. Ab März öffnen sich ihre einzeln stehenden, unscheinbaren, grünlich-gelben oder roten Blüten. Die kugelig oder länglich geformten, borstig behaarten Früchte sind je nach Sorte gelblich-grün oder rötlich. Zu Unrecht gelten sie als sauer; vollreif gepflückt, haben sie einen hohen Zuckergehalt. Da die Beeren nach und nach reifen, hat man wochenlang Freude an ihnen.
KULINARISCHES Während die Rote und die Schwarze Johannisbeere zu Saft, Gelee oder Marmelade verarbeitet wurden, belegte die Bäuerin Mürbeteigböden gerne mit Stachelbeeren. Die vitamin- und mineralstoffreichen Beeren entgiften den Körper. Der erwähnte Baiser-Kuchen mit Rhabarber (siehe S. 108) kann ebenso gut mit Stachelbeeren belegt werden.

→ Buchsbaum

BUXUS SEMPERVIRENS

Der Methusalem unter den Gartengewächsen

Bereits auf die römische Gartenkultur geht der weit verbreitete Brauch zurück, den in strenge Form geschnittenen Buchs als Beet- und Wegbegrenzung zu verwenden. Wahrscheinlich haben Mönche die praktische und sehr robuste Beeteinfassung aus Italien in ihren Gärten heimisch gemacht. Von dort war es noch ein langer Weg bis in Bauerngärten, denn erst ab der Renaissance oder der Barockzeit wurde bei uns beschnittener Buchs in allen Varianten Mode. Als klein gehaltenes Heckchen bildete er zunächst in fürstlichen Gärten in schwungvollen ornamentalen Biegungen den äußeren Rahmen farblich abgestimmter Blumenbeete, oder er wurde in geometrische Figuren von ansehnlicher Höhe gezwungen. Danach mussten zunächst die betuchten Bürger die neue Mode in ihren Gärten haben, später dann wollten auch die Wohlhabenden unter den Bauern nicht zurückstehen.

BOTANISCHES Gerade der sehr langsam wachsende, immergrüne Buchs mit seinen lederartigen, ovalen Blättchen und unscheinbaren Blüten in den Blattachsen, die zu gehörnten Kapselfrüchten heranreifen, ist eine ideale Randbepflanzung. Denn er lässt sich gut beschneiden, bleibt das ganze Jahr grün, verträgt auch magere, bevorzugt aber kalkhaltige, etwas feuchte Böden und gedeiht an sonnigen und schattigen Plätzen. Man kann ihn durch Stecklinge oder durch Absenken tief hängender Zweige leicht vermehren. Er gehört zu den ausdauerndsten Pflanzen im Garten und kann bis zu 600 Jahre alt werden – er erreicht also das Alter des biblischen Methusalem nicht ganz. Der Buchs kann als Strauch oder Baum bis zu acht Meter hoch wachsen.
HEILWIRKUNG *Der Buchsbaum hat keinen großen brauch in der artzney*. Diesen Satz von Leonhart Fuchs kann man bestätigen, auch wenn in der Volksmedizin Auszüge aus den Blättern bei Rheuma angewendet wurden. Da alle Teile der Pflanze giftig sind, wird man am besten auch darauf verzichten, sich mit einem Blätterauszug das Haar rot oder gelb zu färben, was nach Fuchs möglich ist, zumal das farbliche Ergebnis wenig präzise angegeben wird und zuverlässigere Mittel zur Verfügung stehen.

SEITE 126
Liebhaber scheuen die Stacheln der leckeren Beeren nicht.

SEITE 127
Willig fügt sich der Buchs der ordnenden Hand.

OBEN
Buchs, Fuchs, Kreüterbuch (1543)

Wasch- und Färbepflanzen

→ Echtes Seifenkraut

SAPONARIA OFFICINALIS

Seifenwurzel, Waschkraut

Die Ordensleut / als Barfüsser / wäschen jhre Kappen damit / haben nicht gelt / Seiffen zu kaufen / oder Wescherinen zu dingen …

HIERONYMUS BOCK, KREUTTERBUCH (1546)

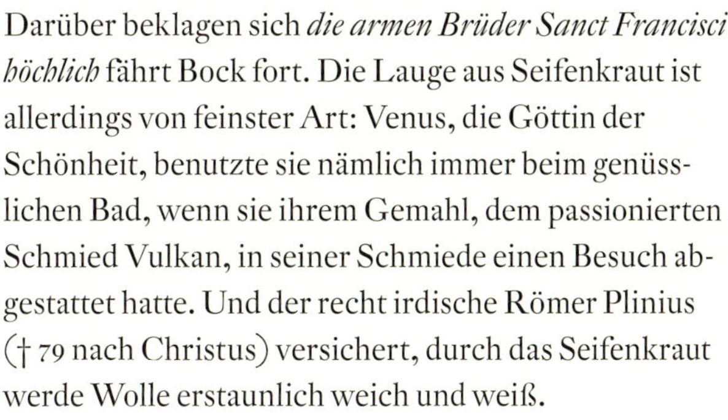

OBEN
Seifenkraut, Fuchs, Kreüterbuch (1543)

Darüber beklagen sich *die armen Brüder Sanct Francisci höchlich* fährt Bock fort. Die Lauge aus Seifenkraut ist allerdings von feinster Art: Venus, die Göttin der Schönheit, benutzte sie nämlich immer beim genüsslichen Bad, wenn sie ihrem Gemahl, dem passionierten Schmied Vulkan, in seiner Schmiede einen Besuch abgestattet hatte. Und der recht irdische Römer Plinius († 79 nach Christus) versichert, durch das Seifenkraut werde Wolle erstaunlich weich und weiß.

BOTANISCHES Verwildert findet man das Seifenkraut, das zu den Nelkengewächsen zählt und aus Südeuropa stammt, an Flussufern, Wegrändern und auf Brachflächen. *Würt aber auch fast allenthalben in gärten gefunden*, schreibt Leonhart Fuchs 1543 in seinem Kräuterbuch. Dort macht die robuste Pflanze an der schattigen Hausmauer, am Zaun oder in der bunten Blumenrabatte Freude, nur sollte die Erde mit Sand oder Kies durchsetzt sein. Aus dem sich schnell stark verzweigenden Wurzelstock treiben zahlreiche stark beblätterte Stängel. In den Achsen der oberen Blätter tragen sie Blütenbüschel mit großen rosa Blüten. Besonders am Abend entströmt ihnen ein angenehmer Duft, der Nachtfalter anlockt; tagsüber sammeln Bienen die reichlich vorhandenen Pollen. Eine Besonderheit der glattrandigen, länglichen Blätter sind die drei bis fünf fast parallel laufenden, deutlich erkennbaren Längsnerven.

WASCHMITTEL Zur Gewinnung der Waschlauge wurde die innen gelbe, außen braune Wurzel in Scheiben geschnitten, getrocknet und in Wasser gekocht. Die Bäuerin wusch vor allem ihre besten weißen oder hellen Tücher, Decken und Kleidungsstücke in dieser Lauge. Nach der Wäsche duftete alles angenehm. Zum Waschen wurden aber auch andere Pflanzen benutzt, z.B. Efeublätter und zerkleinerte Rosskastanien.
Verantwortlich für die Waschwirkung sind die in der Wurzel enthaltenen Saponine, oberflächenaktive Stoffe. Seifenkrautlauge wird heute noch in Museen zur schonenden Reinigung kostbarer alter Textilien und zu ihrer Revitalisierung benutzt. Für Allergiker ist die seifenfreie Lauge eine Alternative.

HEILWIRKUNG Die Inhaltsstoffe der Wurzel wirken auswurffördernd, harn- und schweißtreibend sowie blutreinigend. Deshalb wurde die Wurzel in der Volksmedizin zur Schleimlösung bei Bronchialerkrankungen, bei Rheuma, Gicht und Ekzemen eingesetzt. Die Kräuterbücher des 16. und 17. Jahrhunderts nennen noch erheblich mehr Anwendungsweisen.
Heute wird bei Husten ein Auszug aus der getrockneten Wurzel getrunken: ¼ l Wasser auf 1 TL gehackte Wurzel kalt angesetzt, einige Stunden stehen lassen, Ansatz bis zum Sieden erhitzen und abpressen. Zwei Tassen pro Tag trinken.

→ Färbepflanzen

Der kann hexen und blaufärben.

ALTER SPRUCH

Jeder, der beim Brombeer- oder Heidelbeerpflücken oder nach dem Schälen Roter Bete seine Hände betrachtet, weiß, wie intensiv und anhaltend Pflanzen färben können. Offensichtlich hatten die Menschen schon früh das Bedürfnis, sich oder ihr Umfeld durch Farbe zu verändern, hervorzuheben oder zu verschönern. Erinnert sei an die Höhlenmalereien in Altamira/Spanien und in Lascaux/Frankreich.
Sobald die Menschen in der Jungsteinzeit sesshaft wurden und zu spinnen und weben begannen, entdeckten sie in ihrem Umfeld immer mehr färbende Pflanzen. Sie mussten aber bald erkennen, dass die aus den Pflanzen-

teilen hergestellten Farben nicht dauerhaft hielten, weil sie sich auswuschen oder verblassten.

Erst als sie lernten, das zu färbende Garn oder den Leinen- bzw. Wollstoff vorher zu beizen, wurden die Farben auf Dauer haltbar. Für das Beizen verwendete man Metallsalze, die bewirkten, dass die Farbmoleküle sich mit den Fasern dauerhaft verbanden. Die gebräuchlichsten Beizen entstanden aus Alaun (Kaliumaluminiumsulfat), Kaliumdichromat, Zinnchlorid und Eisen(II)-sulfat. Färben war ein kompliziertes Verfahren, dessen Finessen nicht verraten wurden, so dass man Menschen, die den gewünschten Farbton herstellen konnten, auch Hexerei zutraute.

In unseren Breiten waren Färberwau (*Reseda*) für Gelb, Krappwurzeln (*Rubia tinctorium*) für Rot und Färberwaid (*Isatis tinctoria*) für Blau die gebräuchlichsten Färbepflanzen.

Wir wollen hier nur auf den Färberwaid eingehen, weil er die am meisten genutzte Pflanze war und heute mitunter als Zierpflanze in Bauerngärten zu finden ist.

→ Färberwaid

ISATIS TINCTORIA

BOTANISCHES Der Waid gehört zu den Kreuzblütlern und ist eine zweijährige, bis zu 120 Zentimeter hohe Pflanze. An gerillten, sich verzweigenden Stielen wachsen blaugrüne, schmalzüngige Blätter. In vielen schmalen, hoch stehenden Blütentrauben öffnen sich im Mai bis Juni zahlreiche leuchtend gelbe Blütchen, aus denen sich hängende, tief dunkelviolette Schoten entwickeln.

GESCHICHTLICHES Bereits im Altertum wurde die Pflanze zum Färben verwendet. Das im Spätmittelalter aus den Blättern des Waid gewonnene sogenannte „Deutsche Indigo" entwickelte sich zu einem bedeutsamen Universal-Färbemittel nicht nur in Deutschland, sondern weit darüber hinaus, da sich durch Zusatz anderer Rohstoffe viele weitere Farben herstellen ließen. Bereits im letzten Drittel des 13. Jahrhunderts wurde nämlich Färberwaid in Schwaben angebaut. In besonderem Maße wurde er dann bis zum 15. Jahrhundert im Thüringer Wald kultiviert. In den Städten Erfurt, Gotha, Langensalza, Arnstadt und Tennstedt nannte man die Waidhändler wegen ihres Reichtums „Waidjunker". Mit der Entdeckung des Seeweges nach Indien, der den Zugang zum kräftiger färbenden Indigo eröffnete, begann der Niedergang des Waidanbaus, der nach der Erfindung der synthetischen Farben Ende des 19. Jahrhunderts ganz aufhörte.

Leonhart Fuchs (1501–1566) berichte als erster von der ausgewilderten Art bei uns. Heute findet man Waid manchmal verwildert an Weinbergen und an Wegrändern. Der Samen ist nur noch in Spezialgärtnereien erhältlich.

SEITE 130
Verwildertes Seifenkraut an der Burgmauer der Marxburg

SEITE 131
Brombeeren färben nicht nur die Hände der Pflückerin.

OBEN
Färberwaid, Lonitzer, Kreuterbuch (1577)

RECHTE SEITE
Färberwaid mit seinen tief violetten Schoten

LINKS UNTEN
Kornblume, ebenfalls eine Färbepflanze

SEITE 134
So rundet sich das Gartenjahr.

SEITE 135
Der herbstlich bunte Bauerngarten weist schon abgeerntete Beete auf.

AUSGEWÄHLTE LITERATUR

AIGREMONT (= Sigmar Baron von Schultze-Gallèra): Volkserotik und Pflanzenwelt, 2. Bde., Darmstadt o. J.
BOCK, HIERONYMUS: Kreutterbuch, 1546.
BROSS-BURKHADT, BRUNHILDE / SCHLEGEL, BÄRBEL: Bauerngärten in Baden-Württemberg, Tübingen 2002.
BRUNFELS, OTTO: Contrafayt Kräuterbuch, 1532.
COLERUS, JOHANNES: Oeconomia Ruralis et Domestica, 1609.
DU MONT'S GROSSES KRÄUTERBUCH: Garten, Küche, Dekors, Köln 1995.
FISCHER-BENZON, RUDOLF VON: Altdeutsche Gartenflora, Kiel und Leipzig 1894.
FRANZ, GÜNTHER: Die Geschichte des deutschen Gartenbaus, Stuttgart 1984.
FROHNE, DIETRICH: Heilpflanzenlexikon für Ärzte und Apotheker, Stuttgart 1994.
FUCHS, LEONHART: New Kreuterbuch 1543, Reprint Köln 2001.
HEINEN, HUGO: Tiere und Pflanzen im Prümer Land, Prüm 1972.
HENSEL, WOLFGANG (Text) / BECKER, JÜRGEN (Fotos): Prachtvolle Nutz- und Bauerngärten, Hilden 2003.
HENSEL, WOLFGANG: Das Kosmos Kräuterbuch, Stuttgart 1994.
HOCHEGGER, KARIN: Bauerngärten. Geheimnis, Tradition, Praxis, Stuttgart 2003.
KONRAD VON MEGENBERG: Buch der Natur. Ins Neuhochdeutsche übertragen und eingeleitet von Gerhard E. Sollbach, Frankfurt 1990.
LOHMANN, MICHAEL: Naturgarten. Der große Ratgeber Garten, München 2004.
LONITZER, ADAM: Kreuterbuch, 1577.
MARZELL, HEINRICH: Alte Heilkräuter, Jena 1926.
MARZELL, HEINRICH: Pflanzen im Volksleben, Jena 1925.
MIKUDA-HÜTTEL, BARBARA / BURGARD, ANITA: Gärten der Region. Grüne Entdeckungen – zwischen Mosel & Saar und Sauer & Kyll, Trier 2004.
PHILLIPS, SUE: Cottage-Gärten – Bauerngärten, München 1994.
SCHERF, GERTRUD: Zauberpflanzen und Hexenkräuter, Mythos und Magie heimischer Wild- und Kulturpflanzen, München [2]2003.
SCHERF, GERTRUD: Pflanzengeheimnisse aus alter Zeit. Überliefertes Wissen aus Kloster-, Burg- und Bauerngärten, München, Wien, Zürich 2004.
SCHERMAUL, ERIKA: Eine Hand voll Beeren. Bilder und Geschichten fruchtiger Genüsse, Ostfildern 2006.
STEINBERGER, BÄRBEL: Mein schöner Bauerngarten, München 2007.
STOFFLER, HANS-DIETER: Kräuter aus dem Klostergarten. Wissen und Weisheit mittelalterlicher Mönche, Stuttgart 2002 – Im Anhang (S. 148–173): WALAHFRID STRABO: Liber de cultura hortorum, Hortulus genannt, lat. und dt.
STUMPF, URSULA: Pflanzenweisheiten von Appel bis Zimt. Genüssliches und Heilsames für Körper und Seele. Sonderteil: Phytokinesiologie, Kirchzarten (b. Freiburg) 2005.
TELESKO, WERNER: Die Weisheit der Natur. Heilkraft und Symbolik der Pflanzen und Tiere im Mittelalter, München, London, New York 2001.
THORBECKES Kleiner Klostergarten. Altes Kräuterwissen für heute, Ostfildern 2005.
UNTERWEGER, WOLF-DIETMAR und URSULA: Das große Buch der Bauerngärten, Würzburg 1990.
WIDMAYR, CHRISTIANE: Malve, Mangold und Melisse. Bauerngärten neu entdeckt, München 1999.

BILDNACHWEIS

Fotos: Kriemhild Finken; historische Pflanzenabbildungen: Württembergische Landesbibliothek, Stuttgart; S. 16: Stiftsbibliothek St. Gallen (Klosterplan von St. Gallen).

Verlag und Autoren danken Herr Dr. Eberhard Zwink, dem Leiter der Abteilung Alte und Wertvolle Drucke der Württembergischen Landesbibliothek Stuttgart, für seine fachkundige Unterstützung.